科学。奥妙无穷 ▶

古今中外

GUJINZHONGWAI
FUZHUANGXIU

服装秀

北方妇女儿童出版社

华夏服饰 /8

目

录

目

录

　　一部人类服饰史，从某种意义上说，也是一部感性化了的人类文化发展史。服饰是人类特有的劳动成果，它既是物质文明的结晶，又具精神文明的含意。人类社会经过蒙昧、野蛮到文明时代，缓缓地行进了几十万年。我们的祖先在与猿猴相揖别以后，披着兽皮与树叶，在风雨中徘徊了难以计数的岁月，终于艰难地跨进了文明时代的门槛，懂得了遮身暖体，创造出一个物质文明。然而，追求美是人的天性，衣冠于人，如金装在佛，其作用不仅在遮身暖体，更具有美化的功能。几乎是从服饰起源的那天起，人们就已将其生活习俗、审美情趣、色彩爱好，以及种种文化心态、宗教观念，都沉淀于服饰之中，构筑成了服饰文化精神文明内涵。

● 华夏服饰

早期服饰 >

旧石器时代，采集和渔猎是人们的衣食之源。1933年，在北京周口店山顶洞人（距今1.9万年左右）遗址中，发现1枚骨针和141件钻孔的石、骨、贝、牙装饰品。骨针长约82mm，通体磨光，针孔窄小，针尖尖锐，证实当时已能利用兽皮一类自然材料缝制简单的衣服。中华服饰文化史可以被看作由此发端。小石珠、穿孔兽牙等装饰品上有长期佩带的磨蚀痕迹，其中5件出土时呈半圆形排列，可能是成串的项饰；另有25件还用赤铁矿粉涂染着色，联系山顶洞下室埋葬的尸骨上也散布有赤铁矿粉粒，或关系一种饰终仪式，还可能是在衣服上着色所用，反映出山顶洞人的某种审美感情。

为了捕猎野兽、对付战争，防避利爪、矢石的伤害，或出于伪装与威慑，原始的兽头帽、皮甲、射、胫衣之

兽皮一类自然材料缝制简单的衣

内蒙古狼山地区岩画

类的部件式衣着率先发明，并因此引导出一般衣服。

距今约1万年，进入了新石器时代，纺织技术产生，服装材料从此有了人工织造的布帛，因而服装形式发生了变化，功能也得到完善。贯头衣和披单服等披风式服装已成为典型的衣着，饰物也日趋繁复，并对服饰制度的形成产生重大影响。

贯头衣大致用整幅织物拼合，不加裁剪而缝成，胴身无袖，贯头而着，衣长及膝，是一种概括性或笼统化的整体服装。其具体形象，在内蒙古狼山地区岩画、甘肃吴家川岩画、山东辛店文化陶器，以及新疆西北边境的岩画上，均有反映，说明在纺织品出现之后，贯头衣已发展为一种定型服式，在相当长的时期、极广阔的地域和较多的民族中被普遍应用，基本上替代了旧石器时代部件衣着，成为人类服装的祖型。

新石器时代除有笼统式服装外，还从一些陶塑遗物发现有冠、靴、头饰、佩饰，以及簪发椎髻用的骨、石、玉笄等。

原始社会的部落长和巫师、卜人，在某种情形下，为了象征权威与特定身份，如同《易·系辞》所说"黄帝尧舜垂衣裳而天下治"，衣服式样必不同于普通人，或已宽博拖沓，不大合乎日常生活需要。此外在军事性活动（包括围猎）和祭祀性活动中，主持人及参加者服饰也与常不同。这些，为服饰制度的发生发展奠定了基础。

9

山东辛店文化陶器

商周服饰 〉

由商代到西周，是中国奴隶社会的兴盛时期，也是区分等级的上衣下裳形制和冠服制度以及服章制度逐步确立的时期。

商代衣服材料主要是皮、革、丝、麻。由于纺织技术的发展，丝麻织物已占重要地位。商代人已能精细织造极薄的绸子，提花几何纹锦、绮，和绞织机的罗纱。奴隶主和贵族，平时已穿色彩华美的丝绸衣服。衣料用色厚重，除使用丹砂等矿物颜料外，许多野生植物如槐花、栀子、栎斗和种植的蓝草、茜草、紫草等也已用作染料，为服饰材料和纹饰提供了空前的物质条件。奴隶、平民一般穿本色

槐花

麻、葛布衣或粗毛布衣。

从河南安阳殷墟妇好墓发现的玉石人雕像得知，商代衣着通常为上衣下裳制，上穿交领窄袖式短衣，衣上织、绣种

商代衣着

种花纹，领缘袖口用花边装饰，以宽带束腰，腹前垂一兽头纹样的韦鞸，下着裙裳。而四川广汉三星堆发现的青铜人像，头上着冠，窄袖长衣，外加短袖开衩齐膝

丹砂

衣。结合诸多文物看，商代人可能已穿裤。商代一般男子头上戴短筒状帽箍，并一直流行了近千年；奴隶主贵族戴弯曲高冠，上面还有许多珠玉装饰，也有用许多小玉鱼编成一组加在顶发上的。男子发式，通常是编发成辫，自右向左旋盘顶一周。女子则多把长发上拢成髻，或卷发齐肩。小孩头发梳作两个杈状丫角儿，叫作丱角。平民、奴隶，有裹发作羊角状斜旋而上的，有自顶心向后垂一短辫的，也有剪发齐颈的。种种样式反映了商王朝不同阶级阶层的差异，还可能包括了当时征伐所及各部族人民的形象。

小玉鱼

女子发式

西周服饰 >

　　西周时，等级制度逐步确立，"非其人不得服其服"也就成为一种与之适应的冠服制度。周王朝并设"司服""内司服"官职，掌管王室服饰。根据文献记载和出土文物分析，中国冠服制度，初步建立于夏商时期，到周代已完整完善，春秋战国之交被纳入礼治。王室公卿为表示尊贵威严，在不同礼仪场合，顶冠既要冕弁有序，穿衣着裳也须采用不同形式、颜色和图案。最著名的为《尚书·益稷》所载十二章服："日、月、星辰、山、龙、华虫

冠服

作绘，宗彝、藻、火、粉米、黼、黻绣，以五彩彰施于五色作服。"十二章纹遂成为历代帝王上衣下裳的服章制度，一直沿用到清帝逊位、袁世凯复辟称帝。

从周代出土的人形文物看，服饰装饰虽繁简不同，但上衣下裳已分明，这奠定了中国服装的基本形制，"衣裳"遂成为服装的通称。衣袖有大小，衣长出现长大宽博式样，衣领多作矩式曲折直下，具有承上启下的特色。腹前的斧形韦鞸，用皮革涂朱作成，另有一种用丝绸绘绣花纹的叫"绂"或"赤芾"，后世统称之为"蔽膝"，成为特别身份的象征。

服装的发展沿革与社会制度密切

相关，材料的讲究、数量的增多、服用的普遍程度又与社会生产相适应。在商代能穿丝绸衣服的，可能还是少数。到西周，各地大小邦国封君的穿衣打扮都有了种种排场。一般平民只能穿本色麻、葛布衣或粗毛布衣，穷极的只好穿草编的"牛衣"（蓑衣）。

春秋战国服饰 ＞

春秋战国时期周王室衰微，五霸七雄等诸侯国各自为政，一方面竞相发展生产，注重商品流通，一方面兼并弱小，掠夺土地和财富。特别是对大量技术工匠的掳掠占有和铁工具的推广应用，促进了各种手工业的交流提高。各方面竞争的成就对纺织材料、服装剪裁工艺和装饰艺术，也无不发生重大影响，从而形成了百花齐放的服饰局面和推陈出新的深衣服式。

春秋战国时期织绣工艺的巨大进步，使服饰材料日益精细，品种名目日见繁多。河南襄邑的花锦，山东齐鲁的冰纨、绮、缟、文绣，风行全国，比普通绢帛

的价格超出20多倍。南方吴越生产的细麻布，北方燕国生产的毛布、毡裘，西域羌胡族的细旃花罽（细密毛织物），楚国的大花纹刺绣、通幅大花纹织锦，无不精美绝伦。同时，周代往日"珠玉锦绣不鬻于市"的法规已被突破，这就促进了工艺

的传播，使多样、精美的衣着服饰脱颖而出。

春秋战国时期，不仅王侯本人一身华服，即便从臣客卿也是足饰珠玑，腰金佩玉，衣裘冠履均求贵重。

古人佩玉，尊卑有度，并赋以人格象征，所以"君子无故玉不去身"。影响所及，上层人士不论男女，都须佩带几件或成组列的美丽雕玉。剑，是当时的新兵器，贵族为示勇武兼用自卫，又必佩带一把镶金嵌玉的宝剑。腰间革带还流行各种带钩，彼此争巧，以致"宾客满堂视钩各异"。男女的帽，更引人注目，

精致的用薄如蝉翼的轻纱，贵重的用黄金珠玉；形状有的如覆杯上耸，诗人屈原形容这种高冠"切云之崔嵬"。鞋，多用小鹿皮制作，或用丝缕、细草编成；南方多雨，还有通体涂漆，再用锦、绦饰面，底部有防滑齿结的漆履。冬天皮衣极重白狐裘，价值千金。女子爱用毛皮镶在袖口衣缘作出锋，还有半截式露指的薄质锦绣手套，无不异常美观。

春秋战国学术界"百家争鸣"的氛围对当时文化学术发展有极大的推动作用，也促进了精美服饰的流行。

春秋战国时期的衣着，上层人物的宽博、下层社会的窄小，已趋迥然。在形式上，值得注意的一是深衣，二是胡服。

深衣有将身体深藏之意。是士大夫阶层居家的便服，又是庶人百姓的礼服，男女通用，可能形成于春秋战国之交。其形制在《礼记·深衣》有详尽的记载，后世注家学者也有较多的研究。从马山楚

墓出土实物观察，深衣是把以前各自独立的上衣、下裳合二为一，却又保持一分为二的界线，故上下不通缝、不通幅。最智巧的设计，是在两腋下腰缝与袖缝交界处各嵌入一片矩形面料，据研究可能就是《礼记》提到的"续衽钩边"的"衽"，其作用能使平面剪裁立体化，可以完美地表现人的体形，两袖也获得更大的展转运肘功能。所以古人称道深衣"可以为文，可以为武，可以摈相，可以治军旅"，认为是一种完善的服装。

公元前307年赵武灵王颁胡服令，推行胡服骑射。胡服，指当时"胡人"的服饰，与中原地区宽衣博带的服装有较大差异，特征是衣长齐膝，腰束郭洛带，用带钩，穿靴，便于骑射活动。由于中原上层人物惯于坐而论道，穿长衣被视为特权，一旦弃长就短，不法古、不循礼，便成为改革大事。其衣制实与中原奴隶或其他劳动者短衣相类同，不过裤是连裆的。而从湖北江陵马山楚墓出土实物看，当时内地已有棉裤，《说文》解作"胫衣"，前面连腰，棕红绣绢裤面，锦边小口裤脚，两侧附装饰绦带，与胡服之别尤在于后面开裆。至于衣长，山西侯马出土的人形陶范表明，齐膝的织绣花衣（其领襟曲折直下、腰间系丝绦、打蝴蝶结）已从西周演变过来，一般认为这就是已受胡人影响的装束。

春秋战国时期的衣服款式空前丰富多样，不仅表现于深衣和胡服。乐人有戴风兜帽的，舞人有长及数尺的袖子，猎人衣裤多扎得紧紧的，有人还常戴鸥角或鹊尾冠、穿小袖长裙衣和斜露襞褶的下裳。这些都与多彩的社会生活相关。

秦汉服饰 〉

秦统一中国后，进行了许多重大的改革。汉代政权巩固，经济发展，中国封建社会达到成熟期。出土文物反映，这一时期的衣料又较春秋战国时期丰富，深衣也得到了新的发展。特别在汉代，随着舆服制度的建立，服饰的官阶等级区别也更加严格。

秦汉服装面料仍重锦绣。绣纹多有山云鸟兽或藤蔓植物花样，织锦有各种复杂的几何菱纹，以及织有文字的"登高明望四海"、"延年益寿"等通幅花纹。此外，绘花和印花织物、朱砂着色织物、

超级细薄织物，在河北满城汉墓、长沙马王堆汉墓、广州南越王墓等处都有实物出土，不仅种类多、式样齐，纺织技术也达到很高水平。汉代法律规定，农民只许穿本色麻布衣，西汉后期允许服用青、绿色。但由于商业发展，许多禁令早为商人所打破，帝王穿用的精美锦绣，商人却用来装饰墙壁。《汉书》提到，被买卖的奴婢也穿镶花边的丝履，

满头金珠花钗，这与椎髻、穿短衣裤的农民形成鲜明对照。

西汉建元三年（公元前138年）、元狩四年（公元前119年），张骞奉命两次出使西域，开辟了中国与西方各国的陆路通道，成千上万匹丝绸源源外运，历魏晋隋唐，迄未中断，史称"丝绸之路"。于是，中华服饰文化传往世界。

自秦而汉，深衣有了一些发展和变化。从东汉社会上层来看，通裁的袍服转入制度化。

秦初曾"兼收六国车旗服御"，所以服制大致本于战国。从陕西临潼出土的兵马俑、铜车马、女坐俑等文物中，可以得出秦代服制的基本印象。军服和劳动者衣装形制与战国时无大差别。男女服都是交领、右衽、衣袖窄小，衣缘及腰带多为彩织装饰，花纹精致。兵士衣长齐膝，左右两襟为对称直裾式，皆可掩玉背侧，两襟下角如燕尾，保持深衣的基本形制，与《礼记》叙述深衣的通用性相吻合；衣外着甲，下着裤，足穿麻履或革履（齐头方口较多见）；头髻处理繁细复杂，束髻上耸而多偏右，亦有着冠子的，应为皮弁之制。军装衣甲有骑兵、步兵和车御服用等类型。

西汉男女服装，仍沿袭深衣形式。不论单、棉，多是上衣和下裳分裁合缝连为一体，上下依旧不通缝、不通幅：外衣里面都有中衣及内衣，其领袖缘一并显露在外，成为定型化套装；下着紧口大裤，保持"褒衣大袑"风格；足下为歧头履，腰间束带。

礼服

汉代朝服

秦汉服饰的等级

秦代服制，服色尚黑，囚徒穿褚色衣。汉代有了舆服制度。史书列有皇帝与群臣的礼服、朝服、常服等20余种；出土文物所反映的，则多是平时生活或一般人及奴仆的衣着情况。将文献记载和出土文物结合观察，服饰上的等级差别已十分明显。主要表现在：①冠服在因袭旧制的基础上，发展成为区分等级的基本标识。如冕冠，是古来帝王臣僚的冕服；长冠，以竹为胎骨，外用漆纱糊制，长7寸，宽3寸，形如鹊尾，故俗称"鹊尾冠"，是楚

春秋战国时期的佩饰

低中空如桥）的梁冠，以及平巾帻上加漆纱冠，也成为定制。②佩绶制度确立为区分官阶的标识。秦汉开始，春秋战国时期的佩饰得到发展，产生佩挂组绶的礼俗。凡有官爵的人，还得把一条长度逾丈的经编带状织物折叠起来挂在腰后，名之为"绶"。绶以颜色、长短和头绪分等级，自东汉至明代因循相袭。

漆纱冠

国旧有形式，西汉时被定为公乘以上官员的祭服。漆纱冠，多为武士所戴，此后到南北朝流行 600 余年，基本制度延续到明代不变。而一般男子则平时冠巾约发且不裹额，或只是束发加笄。至东汉，情况略有变化，矮筒状平巾帻，不分贵贱，一律使用；平巾帻上加梁（前高后

春秋战国时期的佩饰

魏晋南北朝服饰 >

魏晋南北朝时期，300余年战乱不息，社会动荡。由于政权更迭、民族交流等原因，服饰在改易中得到发展。其过程大致可分魏晋和南北朝两个阶段：前段，等级服饰有所变革；后段，民族服饰大为交融。

汉末以后，频仍战争使社会财力日显艰困，两汉冠服制度已难维持。以往的冠帽，这时已多用文人沿用的幅巾代替，有折角巾、菱角巾、紫纶巾、白纶巾等，不一而足。东汉末年张角起义即着黄巾而被史称"黄巾起义"。魏初，文帝曹丕制定九品官位制度，"以紫绯绿三色为九品之别"。这一制度此后历代相沿杂而用之，直到元明。部分文人轻蔑

礼法，如南京西善桥出土砖刻所反映的竹林七贤饰着、宽衫大袖、散发袒胸，就是对礼教束缚的突破；"褒衣博带"，成为魏晋世俗之尚。晋代的首服除幅巾为社会沿用之外，有官职的男子还戴小冠子，而冠上再加纱帽的称漆纱笼冠，本是两汉武士之制，传之又传，不仅用于男官员，并流传民间且男女通用。

南北朝时，北方少数民族入主中原，人民错居杂处，政治、经济、文

官职服

下衣喇叭裤

笏头履、高齿屐（一种漆画木屐），流行一时。

另一方面，少数民族服饰也受汉朝典章礼仪影响，穿起了汉族服装。其中最有代表性的是，鲜卑族北魏朝于太和十八年（公元494年）迁都洛阳后，魏孝文帝推行华化政策，改拓跋姓氏，率"群臣皆服汉魏衣冠"。原来鲜卑族穿着夹领小袖衣服，这次改革旧俗，史称"孝文改制"，使秦汉以来冠服旧制得以赓续，推动了中华服饰文化的发展。

化风习相互渗透，形成大融合局面，服饰也因而改易发展。主要表现在：①传统的深衣制长衣和袍服已不大适应社会需要，而北方民族短衣打扮的袴褶渐成主流，不分贵贱、男女都可穿用。袴褶的上衣短身大袖或小袖；下衣喇叭裤，有的在膝弯处用长带系扎，名为缚袴。这种服装源出军中，服无定色，外面还可以服裲衫（一种背心）。河南邓县学庄出土砖刻人物穿的，正是齐梁间有代表性的流行袴褶。②女子衣着"上俭下丰"。髦以假发相衬，西晋作十字式大髻；东晋则做成两鬓抱面遮蔽眉额形状，缓鬓倾鬓以为盛饰；东晋末至齐、梁间改为束发上耸成双环。衣着为襦裙套装，原始于汉代，晋代时具有了上衣短小、下裙宽大的特色。③足穿

砖刻人物

GU JIN ZHONG WAI FU ZHUANG XIU

隋唐服饰 〉

隋唐时期，中国由分裂而统一，由战乱而稳定，经济文化繁荣，服饰的发展无论衣料还是衣式，都呈现出一派空前灿烂的景象。

隋唐社会中上层和殷实之家做衣服多用丝绸，并经多种工艺处理。①彩锦，是五色俱备织成种种花纹的丝绸。最常

见的是成都小团窠锦，常用作半臂和衣领边缘服饰。②特种宫锦，花纹有对雉、

斗羊、翔凤、游鳞之状，章彩华丽。有彩绫，或本色花或两色花，用于官服，有鸾衔长绶、雁衔威仪、俊鹘衔花等名目；此外还有孔雀罗、樗蒲绫、镜花绫和织造精美的辽绫等。③刺绣，有五色彩绣和金银线绣。另外还有堆绫、贴绢法，温庭筠词"新贴绣罗襦，双双金鹧鸪"即指此法。④泥金银绘画，即用金粉、银粉画在衣裙材料上。舞女衣裙用绣画加工较多。⑤印染花纹，分多色套染和单色染。简单花纹有"鱼子缬"，只作方框形小点子，或作梅花、柿蒂、方胜、网格花纹，多属撮晕绞缬（扎染）类，相当费工。大花五彩多层蜡染、板印，色彩绚丽烂漫，亦称夹缬或撮晕锦，多对薄质纱罗加工，争

22

奇斗胜，使衣着、披帛式样不断翻新。相对贫困的平民百姓虽然也可以用普通的素色丝绸，但麻布类织物仍然是他们主要的衣服材料。

男装

隋唐时期男子冠服特点主要是上层人物穿长袍，官员戴幞头，百姓着短衫。直到五代，变化不大。

随着国家的统一，隋唐朝廷都曾参照前朝旧制，改革舆服制度，规定天子、百官的官服用颜色来区分等级，用花纹表示官阶。隋代朝服尚赤，戎服尚黄，常服杂色。唐代以柘黄色为最高贵，红紫、蓝绿、黑褐等而下之，白色则没有地位。男子官服，一般是头戴乌纱幞头；身穿圆领窄袖袍衫，衣长在膝下踝上，齐膝处设一道界线，称为"横襕"，略存深衣旧迹；腰系红鞓带，足登乌皮六合靴。从皇帝到官吏，样式几乎相同，差别只在于材料、颜色和皮带头的装饰。无官的地主阶级、隐士、野老则喜穿高领宽缘的直裰，表示承袭儒者宽袍大袖的深衣古制。普通百姓只能穿开衩到腰际的齐膝短衫和裤，不许用鲜明色彩。差役仆夫多戴尖锥帽，穿麻练鞋，做事行路还须把衣角撩起扎在腰间。脚上只限穿编结的线鞋或草鞋。

幞头之制出于北齐，隋唐之初逐步定型。这是一种用黑色纱罗做的软胎帽（一度用木胎），裹在发髻的后部，稍稍突起并微微前倾；帽带两条系于帽顶前部，两条垂于颈后，或长或短，式样有三五种，初尚平头小样，而后渐高。唐开元年间玄宗赐臣下"内样巾长脚罗幞头"，可知长脚式先出宫中，后垂的两条带子或下垂或上举，或斜耸一旁或交叉在后，带形初如梭子，继为腰圆式，中施丝弦为骨。到五代时这两条带子平直分向两边，"软脚"变成了"硬翅"，终于形成宋代的展翅漆纱幞头，俗称"乌纱帽"。

23

族妇女内穿大袖衣，外面再披一件小袖衣，名"披袄子"。讲究的用金缕蹙绣，听任小袖下垂以为美，竟成一时风尚。唐代长期穿用小袖短襦和曳地长裙，但盛唐以后，贵族妇女衣着又转向阔大拖沓，衣袖竟大过4尺，长裙拖地4~5寸，不得不用法令加以限制。一般妇女穿青碧缬（印花或染花织物），着平头小花草履。

隋唐女子好打扮。从宫廷传开的"半

女子衣着

女装

隋唐女装富有时装性，往往由争奇的宫廷妇女服装发展到民间，被纷纷效尤；又往往受西北民族影响而别具一格。

隋唐时期最时兴的女子衣着是襦裙，即短上衣加长裙，裙腰以绸带高系，几乎及腋下。这种始于汉代的套装，在魏晋时期裙腰日高，上衣日短，衣袖日窄；后来又走向另一极端，衣袖加阔到两三尺。隋统一后，上襦又时兴小袖，影响所及，贵

贵族妇女衣着

臂"，有对襟、套头、翻领或无领式样，袖长齐肘，身长及腰，以小带子当胸结住。因领口宽大，穿时袒露上胸。半臂历久不衰，后来男子也有穿着的。当时还流行长巾子，系用银花或金银粉绘花的薄纱罗制作，一端固定在半臂的胸带上，再披搭肩上，旋绕于手臂间，名曰披帛。

唐代妇女的发饰多种多样，各有专名。早期高耸轻俊，后期流行用假发做义髻，便显得蓬松。女鞋一般是花鞋，有平头、高头之分，多用锦绣织物、彩帛、皮革做成。线鞋则用彩线或麻线编结而成。鞋的名目有彩帛缦成履、吴越高头草履、重台履、金薄重台履，官服中则有高墙履等。

唐人善于融合西北少数民族和天竺、波斯等外来文化，这在妇女服装上有明显的反映。唐贞观至开元年间（627—741）十分流行胡服新装，戴金锦浑脱帽，着翻领小袖齐膝长袄或男式圆领衫子，穿条纹间道锦小口裤，腰系金花装饰的钿镂带，足登软底透空紧勒靴；部分发髻上耸如俊鹘展翅，脸上无例外地用黄色星点点额，颊边画二月牙，或在嘴角酒窝间加两小点胭脂。待到元和年间（806—820），更发展到蛮鬟椎髻，乌膏注唇，赭黄涂脸，眉作细细八字低颦。五代后期还讲究浓眉上翘的倒晕蛾翅眉，头上插满用金、银、玉、象牙或玳瑁制成的小梳。

唐初，妇女沿袭北齐、隋代旧习，骑马出行必用一种大纱帽隐蔽全身，后来发展成帷帽，帽形如斗笠，周围垂网帘至颈，或空出前部，靓妆露面。至今中国南方农村妇女仍有类似的遮阳帽。盛唐以后，帷帽废除，但都市妇女还有将部分纱罗贴在前额作为装饰的，名为透额罗。

花鞋

25

宋代官服

宋辽夏金元服饰 ＞

　　宋代基本保留了汉民族服饰的风格，辽、西夏、金及元代的服饰则分别具有契丹、党项、女真及蒙古民族的特点。由于长期争战，客观上促进了各民族服饰的再度交流与融合。

　　宋代政权建立后，博士聂崇义于建隆二年（公元961年）上《三礼图》，奏请重新制订了服制。此后100多年间，又几度加以完善，且对民间多有禁例，"衣服递有等级，不敢略相陵躐"。然而由于宋代政治、经济等因素影响，"衣服之章，上下混淆"，南宋时已不可遏制。社会上层衣服算是符合常规的，大致有官服、便服、遗老服等三式。

　　宋初统一南方过程中，从长江流域的后蜀、南唐、吴越得到锦绣彩帛达几百万匹。为示威天下，赵匡胤把2万多人的仪仗队用织绣印染的各种丝绸装扮起来，名作"绣衣卤簿"，还绘有图卷，保留下许多宋代官服制度的重要资料。宋代官服面料以罗为主，江浙地区每年上贡花、素罗即达数十万匹；高级丝织物还有紧丝、透背、隔织、绫、锦、绮、縠、缬、绢等。政府又因五代旧制，每年照例要赠送亲贵大臣锦缎袍料，分七等不同花色。官服服色沿袭唐制，三品以上服紫，五品以上服朱,七品以上服绿,九品以上服青。官服服式大致近于晚唐的大袖长袍,但首服(冠帽等)已是平翅乌纱帽,名"直脚幞头",君臣通服,成为定制。差吏男仆则按规定戴两翅向后上方弯曲的曲翅幞头。宋代官服又沿袭唐代章服的佩鱼制度,有资格穿紫、绯色公服的官员都须在腰间佩挂"鱼袋",袋内装有金、银、铜制成的鱼,以区别官品。

"方心曲领"也是朝服的特征,即朝服项间套上圆

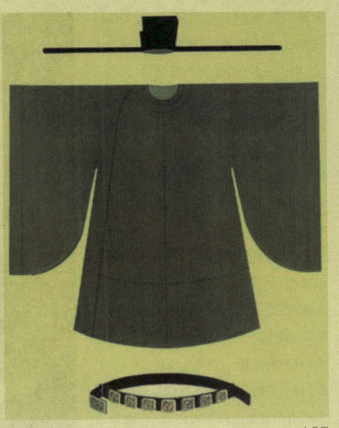

七品服

下方的饰物。

宋代官员公服、制服之外的日常便服,主要是小袖圆领衫和帽带下垂的软翅幞头,依然唐式,脚下却改着更便于平时起居的便鞋。

宋代遗老的代表性服饰为合领(交领)

平翅乌纱帽

27

大袖的宽身袍衫、东坡巾。袍用深色材料缘边，以存古风。东坡巾为方筒状高巾子，相传为大文学家苏东坡创制，实为古代幅巾的复兴，明代的老年士绅还常戴用。劳动人民的衣着变得更短，原因是生产力虽有发展，生活却益加贫困。农民和渔夫因而开始被称作"短衣汉子"。

宋代服制的兴废，多与时装的流行有关。从《清明上河图》看，上层人物多穿齐整的袍衫，长可掩足；平民大众则将袖敞襟、系带裹腿，以便活动。许多服饰在款式，色彩及图案上反映着宋人的崇尚。女装不同于唐风而讲究瘦长，以显苗条；新式的旋袄、胡服等，新颖、大方、素雅。除官员的公服以外，民间一般服装更多地使用复杂而调和的色彩。一般贵族和官僚妇女，衣着虽不及唐时华丽，却配色大胆，已打破唐代以青、碧、红、蓝为主色的习惯；由于清明扫墓必穿白色衣裙，又流行"孝装"，以一身缟素为美。当时衣帽材料始用缬帛（印花丝绸）、销金（加入金线编织的丝织品），花纹突破了唐代对称图案，生色折枝花尤为时尚。这些服饰新风格，常常一面被百官服、命妇服引用，又一面对庶人服、商贾服禁用。南宋末年，表明社会进步的时装被称为

大文学家苏东坡

"奇巾异服"，却又不断斗美夸丽。

辽、西夏、金分别为中国古代契丹、党项、女真民族建立的政权，其服饰反映了在与汉民族进行长期文化交流中，各自发扬民族传统的发展轨迹。党项族妇女多着翻领胡服，领间刺绣精美。契丹、女真族一般穿窄袖圆领齐膝外衣，足下着长统靴，宜于马上作战射猎；妇女穿窄袖交领袍衫，长齐足背，都是左衽，正与汉人相反，所习惯穿用的钓墩传到内地曾广为流行。此外，黑龙江阿城金代贵族墓出土的男女服装中，还有一种前面连腰、后面敞开的分裆裤，裤口还附有可套于脚心的环带（制式恰如现今的健美裤），前腰高及胸部、上有肩带，后附背带3对，可以结束在胸前，形制与江陵马山战国楚墓出土的绵袴非常相似，也许还与《汉书》提到的多带"穷裤"有关联。

当时北方民族男子发式一般髡发，即剃去顶发，余发散披或结辫下垂耳旁。有身份或交纳大量驼马财物的人，才被许可拢发裹巾，巾式类似唐代幞头。

辽金政权考虑到与汉族杂处共存的现实，都曾经设"南官"制度，以汉族官司员治境内汉人，对汉族官员采用唐宋官服旧制。辽代以丝绸官服上山水鸟兽刺绣纹样区分官品，影响到明清官服的等级标识。金代则以官服上花朵纹样大小定尊卑，品级最低的用无纹或小菱纹的芝麻罗，"芝麻官"俗语即由此而来。契丹、女真男服因便于行动，也为汉人采用。如《中兴四将图》画像中抗金名将岳飞、韩世忠身边家将的便服，已与金人男服无大区别。

29

女真民族男装

汉官服式

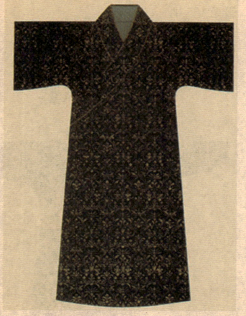

蒙古族官员服

元代服饰 >

元代于延祐元年（公元1314年）参酌古今蒙汉服制，对上下官民服色等作了统一规定。汉官服式仍多为唐式圆领衣和幞头。蒙古族官员则穿合领衣，戴四方瓦楞帽；中下层为便于马上驰骋，最时兴腰间多褶的辫线袄子（圆领紧袖袍，宽下摆、折褶、有辫线围腰）、戴笠子帽。

元代长衣通名为袍，其式样在北方男女区别并不大，但材料精粗贵贱，却差别悬殊。高级大官服多采用鲜明红彩织金锦，且沿袭金制从花朵大小定品级高低，下级办事人只许用檀褐色罗绢。平民一般禁止用龙凤纹样和金、彩，只许用暗色纻丝。至元二十二年（公元1285年）还令"凡乐人、娼妓、卖酒的、当差的，不许穿好颜色衣"。由于禁令限制，反而促使劳动人民因地取材创造了种种不同的褐色，多达四五十种名目，后来还影响到帝王衣着破例采用褐色。

发式，汉族男性变化不多，北方的汉族女性较前简化。蒙古族男性则把顶发从额前垂下一小绺或留作桃形，余发编成大环或麻花状，垂在耳边，帝王也不例外；女性多挽发髻，贵族加戴罟罟冠，高到二三尺。帝王尤喜爱各式帽，俱用精美珍贵材料做成，缀珠玉以示尊贵。

元代纺织物有纳石矢金锦、浑金搭子、金段子、兜罗锦、三棱罗、大绫、小绫、南绢、北绢、木锦布、番锦布等种种名目。元代每年举行10余次大朝会，届时万千官员穿同一颜色、式样并加饰纳石矢金锦珠宝的高级礼服，称作质孙服，糜费为历朝少有。这种服式到明代却被用作差役服装。前一代的华服变成后一代的贱服，历史上并不罕见，是改朝换代影响服饰变化的一种必然现象。元代的服装制度与辽金相似。

元代人的衣服主要是"质孙服"——较短的长袍，比较紧、比较窄，在腰部有很多衣褶，这种衣服很方便上马下马。

元代的贵族妇女，常戴着一顶高高长长，看起来很奇怪的帽子，这种帽子叫作罟罟冠。她们穿的袍子，宽大而且长，走起路来很不方便，常常要两个婢女在后面帮她们拉着袍角，一般的平民妇女，多是穿黑色的袍子。

元代蒙古人

元代的贵族妇女戴的"罟罟冠"

31

明代服饰 >

明清两代的服饰面貌有较大差异。明代以汉族传统服装为主体，清代则以满族服装为大流。而两代上下层社会的服饰均有明显等级。

明代政权建立后，曾力图消除元代蒙古族服制对汉族的影响，"悉命复衣冠如唐制"，但当务之急是安定社会、发展生产，服制未能被真正贯彻。至洪武二十六年（公元1393年）才确定了许多主要服饰。由于明代政府非常重视农业，推广植棉，棉布得到普及，普通

百姓的衣着也得到了改善。

上层社会的官服是权力的象征，历来受到统治阶级的重视。自唐宋以来，龙袍和黄色就为王室所专用。百官公服自南北朝以来紫色为贵。明朝因皇帝姓朱，遂以朱为正色，又因《论语》有"恶紫之夺朱也"，紫色自官服中废除不用；样式近似唐代圆领服而尺寸宽大，盘领右衽，两侧各多出一块，称"襬"（摆）；衣料多用纻丝或纱、罗、绢，但颜色、花纹有别。最

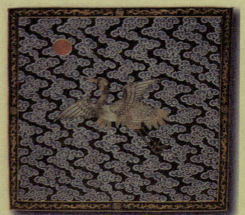

有特色的是用"补子"表示品级。补子是一块40~50厘米见方的绸料，织绣上不同纹样，再缝缀到官服上，胸背各一。文官的补子用鸟，武官用走兽，各分九等。平

常穿的圆领袍衫则凭衣服长短和袖子大小区分身份，长大者为尊。

明代官员的主要首服沿袭宋元幞头而稍有不同。皇帝戴乌纱折上巾，帽翅自后部向上竖起。官员朝服戴展翅漆纱幞头，帽翅长达1尺2寸；常服戴乌纱帽。入冬以后，皇帝还赐给百官毛皮暖耳，很像后世的耳套，平民不准使用；同时有披肩、围脖等御寒用品。受到诰封的官员妻、母，也有以纹、饰区别等级的红色大袖礼服和各式霞帔。此外，上层妇女中已着用高跟鞋，并有里高底、外高底之分。

明代普通百姓的服装或长或短、或衫或裙，基本上承袭了旧传统，且品种十分丰富。当时出现一种长身背心，状似士兵的罩甲，故名马甲，在青年妇女中尤为流行。服饰用色方面，平民妻女只能衣紫、绿、桃红等色，不得用大红、鸦青、黄等色，以免与官服正色相混；劳动大众只许用褐色。一般人的帽，除唐宋以来旧样依然流行外，朱元璋又亲自制订两种，颁行全国，士庶通用。一种是方桶状黑漆纱帽，称"四方平定巾"；一种是由六片合成的半球形小帽，称"六合一统帽"，取意四海升平、天下归一。后者留传下来，俗称瓜皮帽，系用黑色绒、缎等制成。

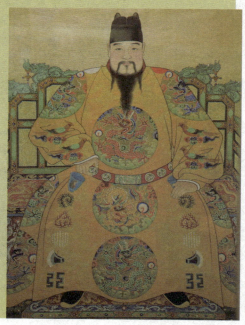

明代皇帝服

清代服饰 >

　　清王朝取代朱明，即以暴力手段推行剃发易服制度/政策，按满族习俗统一男子服饰。顺治九年（公元1652年），钦定的《服色肩舆条例》颁行，从此废除了浓厚汉民族色彩的冠冕衣裳。明代男子一律蓄发挽髻，着宽松衣，穿长统袜、浅面鞋；清时则剃发留辫，辫垂脑后，穿瘦削的马蹄袖箭衣、紧袜、深统靴。但官民服饰依律泾渭分明。

　　清代官服主要品种为长袍马褂。马褂为加于袍的外褂，因起源于骑马短衣而得名，特点是前后开衩、当胸钉石青补子一方（亲王、郡王用圆补）。补子的鸟兽纹样和等级顺序与明朝大同小异。清代官帽与前朝绝然不同，凡军士、差役以上军政人员都戴似斗笠而小的纬帽，按冬夏季节有暖帽、凉

帽之分，还视品级高低安上不同颜色、质料的"顶子"，帽后拖一束孔雀翎。翎称"花翎"，高级的翎上有"眼"（羽毛上的圆斑），并有单眼、双眼、三眼之别，眼多者为贵，只有亲王或功勋卓著的大臣才被赏戴。皇帝有时还赏穿黄马褂，以示特别恩宠。影响所及，其他颜色的马褂遂在官员士绅中逐渐流行，成为一般的礼服。四五品以上官员还项挂朝珠，用各种贵重珠宝、香木制成，构成清代官服的又一特点。

丝纺绣染及各种手工专业的进步，为清代服饰品种的丰富创造了条件，形成了炫耀财势的繁琐装饰重于艺术表现的特点。按规定，绫罗绸缎此时已不再是官僚富户的专用品。

清代一般男子服饰有所谓京样高领长衫，腰身、袖管窄小，外套短褂、坎肩（背心），头戴瓜皮小帽，手持"京八寸"小烟管，腰带上挂满刺绣精美的荷包、扇袋、香囊等饰物，可算是时髦打扮，北京一带尤盛。很多地主、商人就如此装束。

清代女装，汉、满族发展情况不一。汉族妇女在康熙、雍正时期（1662—1735）还保留明代款式，流行小袖衣和长裙；乾隆以后，衣服渐肥渐

短，袖口日宽或达1尺多，再加云肩，花样翻新无可底止；到晚清时，都市妇女已去裙着裤，衣上镶花边、绲牙子，多至十几道，有"七姐妹""十三太保""十八镶绲"诸名，一衣之贵大都花在这上面。满族妇女着"旗装"，梳旗髻（俗称两把头），穿"花盆底"旗鞋。至于后世流传的所谓旗袍，长期主要用于宫廷和王室。清代后期，也为汉族中的贵妇所仿用。

"花盆底"旗鞋

旗袍

近现代服饰 >

辛亥革命结束了两千年的封建君主专制,中华民族的服饰进入了新时代。

在此之前,改良主义者康有为于1894年、外交大臣伍廷芳于宣统初年,曾上书改革服制和服式;中国留学生也剪去辫子,改穿西装。1912年,民国政府首先颁行《剪辫通令》,随后参照西洋诸国服饰制度发布《服制条例》;20世纪20年代末,政府又颁《服制条例》,主要规定男女礼服和公务人员制服。随着中外交流的加强,五彩纷呈的服装终于冲垮了衣冠等级制度。传统的袍、衫、袄、裤、裙越来越多地受到西方服饰影响,并被许多新品种、新款式取而代之。①男装:民国

中山装

初年出现西装革履与长袍马褂并行不悖的局面。穿着中西装都戴礼帽,被认为是最庄重的服饰。20世纪20年代前后出现中山装、逐渐在城市普及。广大农村一直沿用传统的袄裤,头戴毡帽或斗笠,脚着自家缝纳的布鞋。②女装:辛亥革命带来了多样化,一身袄裤之外,又多穿用袄裙套装。20年代以来,妇女喜爱旗袍,旗袍逐渐成为时装而不衰。

中华人民共和国建立后,百废待举,人民致力国家建设,服饰崇向简朴实用。

37

50—70年代，中山装渐成男子主体服装，此外流行过军便装、人民装；女装受苏联影响，连衣裙风靡城市，此外还流行过列宁装等。但在农村，上衣下裤一直是大多数农民的传统装束。1978年后，中国实行改革开放政策，体现时代精神、具有中华民族特色的服饰如雨后春笋般发展起来，面貌簇新。

旗袍特写 >

旗袍是在20世纪上半叶由民国服饰设计师参考满族女性传统旗服和西洋文化基础上设计的一种时装，是一种东西方文化糅合具象。在现时部分西方人的眼中，旗袍具有中国女性服饰文化的象征意义。在浓厚的封建礼教氛围中，想要妇女如现在一般外露曲线是不可能的。清代旗装的裁制一直采用直线，胸、肩、腰、臀完全平直，使女性身体的曲线毫不外露。尽管旗袍改于满族妇女的旗装，但旗袍并不是旗装。旗袍是带有中国特色、体现西式审美并采用西式剪裁的时装。旗装是满族的民族服饰。旗装大多采用平直的线条，衣身宽松、两边开衩、胸腰

满族女性传统旗服

38

围度与衣裙的尺寸比例较为接近，在袖口领口有大量盘绳装饰。黄色是皇家独尊之色，民众是忌用。旗装色彩鲜艳复杂，用料等花色品种就多样，喜用对比度高的色彩搭配。在领口、袖头和披襟上加上了几道鲜艳花边或彩色牙子盘绳设计。由于旗装是一种平面服饰，盘绳成为旗装除面料外的唯一设计空间，因而以多盘绳为美。清末曾时兴过"十八镶"（即镶十八道花边）。清代旗装纹样多以写生手法为主，龙狮麒麟百兽、凤凰仙鹤百鸟、梅兰竹菊百花，以及八宝、八仙、福禄寿喜等都是常用题材。

• 民国旗袍

1840 年以后进入近代，西洋文化冲击着中国本土文化，许多沿海大城市，尤其是上海这样的大都会，因华洋杂居，得西文风气之先，服饰也开始发生潜在的变革。

风行于 20 世纪 20 年代的旗袍，脱胎于清代满族妇女服装，是由民国妇女在穿着中吸收西洋服装式样不断改进而定型的。当时无专业服装研究中心，服装式样在时代风尚的影响下不断变化。

20 世纪 20 年代至 40 年代末，中国旗袍风行了 20 多年，款式几经变化，如领子的高低、袖子的短长、开衩的高矮，使旗袍彻底摆脱了老式样，改变了中国妇女长期来束胸裹臀的旧貌，让女性体态和曲线美充分显示出来，正适合当时的风尚，为女性解放立了一功。青布旗袍最为当时的女学生所欢迎，一时全国效仿，几乎成为 20 年代后期中国新女性的典型装扮。30 年代和 40 年代是旗袍的黄金时代，也是近代中国女装最为光辉灿烂的时期。这 30 年代末出现了"改良旗袍"。旗袍的裁法和结构更加西化，胸省和腰省的使用旗袍更加合身，同时出现了肩缝和装袖，使肩部和腋下也合体了。有人还使较软的垫肩，谓之"美人肩"。

这表明女性开始抛弃以削肩为特征的旧的理想形象。这些裁剪和结构上的改变，都是在上海完成的。全世界家喻户晓的旗袍，被称作 Chinese dress 的旗袍（海派旗袍），实际上正是指 30 年代的旗袍。旗袍文化完成于 30 年代，30 年代是属于旗袍的黄金时代。

可以说到这时中国才有了真正的时装，现代意义上的时装。外国衣料的源源输入，各大报刊杂志开辟的服装专栏，还有红极一时的月份牌时装美女画，都无疑推动着时装的产生与流行。由于旗袍的修长适体正好迎合了南方女性清瘦玲珑的身材特点，所以在上海滩备受青睐。

而加入西式服装特点的海派旗袍，也就自然很快从上海风靡于全国各地。这样，作为海派文化的重要代表，海派旗袍便成为 30 年代旗袍的主流，我们所讲的 30 年代的旗袍也就是海派旗袍了。

30 年代后期出现的改良旗袍又在结构上吸取西式裁剪方法，使袍身更为称身合体。旗袍虽然脱胎于清代女长袍，但已迥然不同于旧制，成为兼收并蓄中西服饰特色的近代中国女子的标准服装。

• 现代旗袍

新中国成立之初，人们对衣着美的追求已完全转化成了对革命工作的狂热。旗袍所代表的悠闲、舒适的淑女形象在这种氛围里失去了其生存空间。旗袍的鼎盛年代已经远去，在被冷落了几十年后，20 世纪80、90 年代却出现了一种具有职业象征意义的"制服旗袍"。为了宣传和促销等目的，礼仪小姐、迎宾小姐以及娱乐场合和宾馆餐厅的女性服务员都穿起了旗袍。

这种旗袍千篇一律，多用化纤仿真丝面料，色彩鲜艳，开衩很高，做工粗糙。这实在有损旗袍在人们心目中的美好形象。人们为了区别自己的身份，更不敢贸然穿旗袍了。

20 世纪90 年代以来，女性理想形象又有所改变。高挑细长，平肩窄臀的身材为人们所向往。而作为最能衬托中国女性身材和气质的中国时装代表——旗袍，再一次吸引了人们注意的目光。国外还有不少设计大师以旗袍为灵感，推出了有国际范儿的旗袍，甚至是中国旗袍与欧洲晚礼服的结合产物。

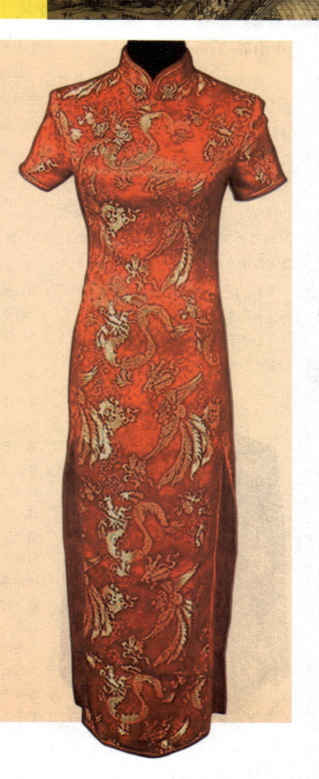

41

古今中外服装秀

中山装 〉

GU JIN ZHONG WAI FU ZHUANG XIU

中山装是在广泛吸收欧美服饰的基础上，由近现代中国革命先驱者孙中山先生综合了西式服装与中式服装的特点，设计出的一种直翻领有袋盖的四贴袋服装，被世人称为中山装。此后，中山装大为流行，一度成为中国男子最喜欢的标准服装之一。由于毛泽东主席经常在公开场合穿中山装，西方也习惯称呼中山装为"毛装"。在1960和1970年代，亿万中国成年男性大多穿着中山装。

20世纪80年代以后，随着改革开放的深入，西装和其他时装逐渐流行。虽然

中山装在民间逐渐被人们遗忘，但值得一提的是中国国家领导人在出席国内重大活动时，依旧习惯穿着中山装，比如国庆大阅兵等等。

2009年中华人民共和国60周年华诞，胡锦涛主席等国家领导人身着中山装面向世人，面向世界。

• 中山装的由来

在清朝（1644—1911），中国男子都是按照满族的式样梳理头发，穿衣戴帽，一直延续到20世纪之初。虽然中国已步入了近代史的征途，但传统服装仍保持着一定的稳定性，服装仍沿用着传统的长袍、马褂、瓜皮帽等式样。1885年，李鸿章在天津建立北洋武备学堂，聘德国教官训练，军服也参用德式，夏用黄卡叽布、草帽，冬用黑呢衣裤帽。1895年，两江总督张之洞亦仿德制编练自强军，"令其悉照洋法操练，并其行军、应用、军火、器具、营垒、工程、转运、医药之法，亦俱仿之"。与此同时，袁世凯采用德操编练新军，官弁军衣靴鞋均仿德式，颜色一律纯用黑色，"在营军衣均须窄小，尤须大众一律"。光绪二十六年（公元1900年）之后不久，传统服式开始受到外国服式的一些影响，当时的《奏定学堂章程》记载："近来，各省学堂冠服一端，率皆效仿西式，短衣皮靴，文武无别。"仿效西洋式样的新军军官军服，全国推行新式陆军训练军

制改革是清末改制的一项。清末新军出现了一些改变，1905 年清末新军军服改革，基本上是照搬了欧洲特别是德国的军服制度和军衔制度。鉴于清新军改换日本军服后，长辫无法塞入军帽中，影响射击的准确性，练兵处建议准予军士剪辫。《大公报》趁此时机，再次发起剪辫易服的讨论。清政府为了不给舆论以剪辫易服的口实，竟下令士兵将发辫盘于军帽之中。直至 1911 年辛亥革命爆发后，才出现了一些根本性的变革，它象征着清王朝的彻底崩溃和一个时代的终结。辛亥革命以后，国父孙中山觉着当时的服装不足以显示辛亥革命成果，而当时孙中山觉着也应当有一个代表中国人民的辛亥革命成果的服饰，于是孙中山先生便结合西服和一些特殊含义创造

李鸿章

德国的军服

了中山装。

• 中山装的形成发展

　　1919 年，孙中山请上海亨利服装店将一套英国陆军制服改成便装。这套便装在保留军服某些式样的基础上，吸取了中式服装和西装的优点，显得精练、简便、大方。由于孙中山先生的提倡以及他的名望，这种便装式样很快流传，经过不断修改，发展成中山装，并成为中国男子普遍

43

孙中山先生

穿用的服装。

关于中山装的来历还有其他一些说法，如有的说是 1912 年在广州问世的，有的说是由日本铁路制服改制的。这里提到的黄隆生是一位越南的华侨，开有一家洋服店，1902 年，孙中山到越南筹组兴中会，一次到黄的店购物。黄得知这个顾客就是孙中山时，当即要求加入兴中会，为革命出力。

中山装就这样在 1912 年就被定下了型。新中国成立后，由于革命领袖和革命干部都穿中山装，人民群众也以这种服装来表达对新时代的欢迎。于是中山装在社会上广泛流行，成为了中国男装一款标志性的服装，即使是在如今的 T 型台上依然能见到由它演变而来的时尚服饰。

44

> 中山装的思想和含义

作为中国新的民族服装，孙中山阐述该服装的思想和政治含义：衣服外的四个口袋代表"国之四维"（即礼、义、廉、耻），前襟的五粒纽扣和五个口袋（一个在内侧）分别表示孙中山先生的五权宪法学说（行政权、立法权、司法权、考试权、监察权），左右袖口的三个纽扣则分别表示三民主义（民族、民权、民生）和共和的理念（平等、自由、博爱），衣领为翻领封闭式，表示严谨的治国理念，衣袋上面弧形中间突出的袋盖，笔山形代表重视知识分子，背部不缝缝，表示国家和平统一之大义。

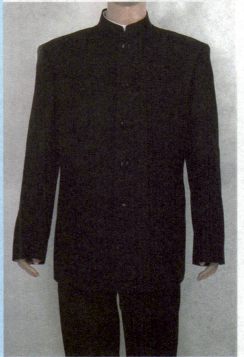

● 少数民族服饰漫谈

朝鲜族服饰 ❯

　　朝鲜族是我国的少数民族之一，主要生活在我国东北地区。丰富多彩的民族服装，是朝鲜族人民思想意识和精神风貌的体现。其文化与朝鲜半岛的文化有着深厚的渊源。朝鲜族服装呈现出素净、淡雅、轻盈的特点，不仅给我们带来了美的享受，更充实了服饰艺术的宝库。朝鲜族长期生活在我国风光秀丽、物产丰富的东北地区，延边朝鲜族自治州是吉林省的朝鲜族主要聚居区，其他主要集中在黑龙江、辽宁省，还有散居于内蒙古自治区和内地一些城市的，他们大约有190万人。朝鲜族有自己的语言、文字。朝鲜族多数从事农业生产，尤其擅长种植水稻，延边地区就是我国东北的主要水稻产区。中国的朝鲜族是清末朝鲜人陆续从朝鲜半岛移居东北逐渐形成的一个少数民族，其文化与朝鲜半岛的文化有着深厚的渊源。朝鲜族的服饰发展有着一定的历史渊源。在初期，朝鲜族人民多居于偏僻的山村，服饰的原料主要以自种自织的麻布和土布为主；20世纪初，随着资本主义经济的渗透和近代文化的输入，机织布和丝绸、绸缎等面料开始传入，服饰的颜色也随之多样化了。

• 历史渊源

中国的朝鲜族大部分是清末陆续从朝鲜半岛移居东北逐渐形成的一个少数民族，所以探索朝鲜族服装的历史渊源应从朝鲜半岛的服装入手。朝鲜半岛服装受中国唐朝服饰的影响较大，朝鲜人着装整齐、干净，并认为这是一种道德。三国末期，贵族男子穿宽大的裤子、短上衣，腰间系腰带；贵族女子则穿长裙和齐臀的上衣。其后，又受到蒙古的影响，女子的上衣缩短，裙子上提到腰。15世纪时，女子的裙子再度上提，在腋下系定，上衣缩短，与现在妇女所穿的朝鲜族服装相近。

中国朝鲜族在初期，多居于偏僻的山村，服饰的原料以自种自织的麻布和土布

三国末期，贵族男子服饰

三国末期，贵族女子裙子

为主。20世纪初，随着资本主义经济的渗透和近代文化的输入，机织布和丝绢、绸缎等面料开始传入，服饰的颜色也随之多样化了。尤其是中国改革开放以来，与朝鲜和韩国的经济、文化的交流不断加强，更加促进了朝鲜族服装的发展。

• 传统女装

朝鲜族民族服装根据穿着者的年龄和场合，选用相应的质地、颜色的面料制作。女子婚前穿鲜红的裙子和黄色的上衣，衣袖上有色彩缤纷的条纹；婚后则穿红裙子和绿上衣。年龄较大的妇女，可在很多颜色鲜明、花样不同的面料中选择。

朝鲜族妇女的短衣长裙，是朝鲜族服饰中最具传统的服装，这也是朝鲜族妇女服装的一大特色。

• 服饰特点

白色是朝鲜族最喜欢的服装颜色，象征着纯洁、善良、高尚、神圣，故朝鲜族自古有"白衣民族"之称，自称"白衣同胞"。随着纺织工业的发展，如今妇女们穿用的衣料颜色更是绚丽多彩、不拘一格，但短衣长裙这一传统民族风格久久不变，因为它符合朝鲜族妇女的审美心理，充分反映了她们温顺、善良和勤劳淳朴的美德。朝鲜民族服装的结构自成一格，上衣自肩至袖头的笔直线条同领子、下摆、袖肚的曲线，构成曲线与直线的组合，没有多余的装饰，体现了"白衣民族"的古老袍服的特点。

短衣在朝鲜语中叫"则高利"，是朝鲜族最喜欢的上衣，以直线构成肩、袖、袖头，以曲线构成领条领子，下摆与袖笼呈弧形，斜领、无扣、用布带打结，在袖口、衣襟、腋下镶有色彩鲜艳的绸缎边，只遮盖到胸部，颜色以黄、白、粉红等浅颜色为主，女性穿起来潇洒、美丽、大方；长裙，朝鲜语也叫作"契玛"，是朝鲜族女子的主要服饰，腰间有长皱褶，宽松飘逸。这种衣服大多用丝绸缝制而成，色彩鲜艳，分为缠裙、筒裙、长裙、短裙、围裙。年轻女子和少女多爱穿背心式的带褶筒裙，裙长过膝盖的短裙，便于劳动。中老年妇女多穿缠裙、长裙，冬天在上衣外加穿棉（皮）坎肩。缠裙为一幅未经缝合的裙料，由裙腰、裙摆、裙带组成。上窄下宽，裙长及脚面，裙摆较宽，裙上端有许多细褶，穿时缠腰一圈后系结在右腰一侧，穿这种裙子时，里面必须加穿素白色的衬裙。

• 传统男装

朝鲜族男子一般穿素色短上衣，外加坎肩，下穿裤腿宽大的裤子。外出时，多穿以布带打结的长袍。男子短衣朝鲜语也叫"则高利"；成年男子的上衣衣长较短，斜襟、宽袖、左衽、无纽扣，前襟两侧各钉有一飘带，穿衣时系结在右襟上方。他们还喜欢黑色外套或其他颜色的带纽扣的"背褂"即"坎肩"，"坎肩"朝鲜语叫"克"，一般套在"则高利"上衣的外面，多用绸缎作面，毛皮或布料做里，有三个口袋、五个扣，穿上显得特别精神。

朝鲜男子爱穿"灯笼裤"，这种裤子裤长腰宽，而且白色居多。"巴基"是指传统的朝鲜族服饰"裤子"，其裤裆、裤腿肥大。由于朝鲜族传统房屋都有火炕供暖系统，人们常常是坐卧在地面的垫子或席子上，穿这种裤子便于在炕上盘腿而坐，随便轻松，裤腿系有丝带，外出时可以防寒保暖。

• 朝鲜官服

过去朝鲜族的官服，随官职、身份而异，但基本式样大体上是冕服，用黑色绸缎做团领，受中国冕服十二章纹饰的影响，肩部亦有带色之龙，袖口画有火、华虫、宗彝等图案。裳用红绸缎缝制，裳前有藻、粉米的纹饰图案。

• 服饰搭配

朝鲜族服装有佩饰才显得完美。如精美的绣花发带、绣花荷包、流苏，脚穿浅色船形鞋等。传统朝鲜族服装的领结下常挂一个流苏，流苏上的装饰为一块玉雕或一柄小银剑，其上有一环圈，下面则垂着长长的丝线流苏，与服装相呼应，形成整体美感。

朝鲜族人民具有爱好和平而又生机勃勃的品格，民族文化深沉而又活跃，伤感而又乐观。尤其是在节假日和老人寿诞之时穿上朝鲜族传统民族服装，载歌载舞，共同欢庆，这已成为朝鲜民族标志性的"风景线"。

船形鞋是朝鲜族独有的鞋。鞋样像小船，鞋尖向上微翘，用人造革或橡胶制成，柔软舒适。男鞋一般是黑色，女鞋多为白色、天蓝色、绿色。此外朝鲜族服饰中还有一种七彩上衣，用七彩缎做成，象征幸福和光明，一般是在集会和喜庆活动时穿戴。朝鲜族早期穿木屐、革屐，后来出现草鞋、麻鞋、胶鞋，现在则为胶鞋或皮鞋。

赫哲族服饰 ＞

赫哲族分布在黑龙江省的三江流域，那里山林密布，江河纵横，野生动植物资源丰富。渔猎生活给赫哲族人服饰打上特别印记，他们早年的服装的主要原料是鱼、兽皮。赫哲族形成了以兽皮、鱼皮制作服装的传统。赫哲族的鱼皮服饰文化是世所罕见的，熟制鱼皮，制作鱼皮线的技术已经发展得非常成熟，制作出来的鱼皮服饰具有防水、抗湿、轻便、耐磨等诸多特性。

• 赫哲族女服

鱼皮衣饰，多是妇女穿用。赫哲族妇女穿着的上衣样式，相似于满族人的旗袍，襟长过膝，腰身窄，下身肥大，袖肥而短，只有领窝没有衣领。领边、袖口、衣边都饰有染上各种颜色的皮条云纹和动物花样，有的还在衣下摆缝上海贝壳、铜铃或缨络珠、疏绣穗之类的装饰品，以示别致美观。

• 赫哲族男服

男子的长袍前后开衩，衣服上镶黑边或云头纹样，扣子比较特别，一般是使用两排皮扣或鲶鱼骨扣。男子服装也包括大襟皮质短衣、长裤等其他形式。

· 鱼皮套裤

赫哲人男女劳动时都穿鱼皮套裤。赫哲族渔民的鱼皮套裤是用怀头、哲罗或狗鱼皮制成的，分男女两种。男式的上端为斜口，女式的上端为齐口，并镶有或绣有花边。冬天穿它狩猎抗寒耐磨，春秋穿它捕鱼防水护膝。

· 桦皮帽子

赫哲族的桦皮帽是夏天戴的，形如一般的斗笠，顶尖檐大，既可避雨，又可遮光。帽檐上刻有各种云卷纹、波浪纹，以及狍、鹿、鱼的形象，轻巧美观。姑娘常将精心制作的桦皮帽送给自己的心上人，作为爱情的信物。

• 狍皮手套

　　赫哲人戴手套主要是为了防寒。手套是他们冬季必不可少的。赫哲人的手套多用狍皮制成，主要有"沙拉耶开依"（五指手套）、"瓦拉开依"（皮手闷子，只有拇指与其余四指分开）和"考胡鲁"（皮手闷子，筒长并有活口）三种。三种手套各有特点，"瓦拉开依"便于拿东西却不能握枪射击。"沙拉耶开依"精巧美观，套口处多镶有灰鼠皮边和云字花边，手背面上还多绣有花纹，又便于拿东西和射击，但保暖性却较差。人们在冬季出猎时喜欢戴"考胡鲁"，戴上它后，可以把筒套在袖口上，并用皮绳系紧，手可以从手掌面手腕处的开口自由出入指套，冷时放进去，需要时可以随时缩伸出来。

• 鱼皮鞋子

　　鱼皮鞋多用怀头鱼、哲罗鱼、细鳞鱼、狗鱼、鲑鱼和鳇鱼等鱼皮做鞋帮、鞋底，鞋靿则必须用狗鱼皮或鲶鱼皮，通常用兽筋或鬃毛替代鱼皮线，但这项技术早已失传。鱼皮鞋的造型比较简单，最简单的是用一块长 25 厘米、宽 21 厘米左右的鱼皮，在一端中间剪一个半圆作为鞋口，缝合即成。复杂的还要加上鞋靿，像短靿的靴子。

狍皮手套

蒙古族服饰 ＞

子分三件，第一件为贴身衣，袖长至腕，第二件为外衣，袖长至肘，第三件无领对襟坎肩，钉有直排闪光纽扣；而青海地区的蒙古族穿的长袍与藏族的长袍较为相近。除了青海以外，男子的服饰各地差别不大。春秋穿夹袍，夏季着单袍，冬季着棉袍或皮袍。蒙古族平时喜欢穿布料衣服，逢年过节或喜庆一般都穿织锦镶边的绸缎衣服。男装多为蓝、棕色，女装喜欢用红、粉、绿、天蓝色。

蒙古族服饰名称为蒙古袍，主要包括长袍、腰带、靴子、首饰等。因地区不同，在式样上有所差异。以女子长袍为例，科尔沁、喀喇沁地区的蒙古族受满族影响，多穿宽大直筒到脚跟的长袍，两侧开衩，领口和袖口多用各色套花贴边；锡林郭勒草原的蒙古族则穿肥大窄袖镶边不开衩的蒙古袍；布里亚特妇女穿束腰裙式起肩的长袍；鄂尔多斯的妇女袍

腰带是蒙古族服饰重要的组成部分，用长三四米的绸缎或棉布制成。男子腰带多挂刀子、火镰、鼻烟盒等饰物。蒙古族靴子分皮靴和布靴两种，蒙古靴做工精细，靴帮等处都有精美的图案。佩挂首饰、戴帽是蒙古族习惯。各地区的帽子也有地方特色。内蒙古及青海等地的蒙古族的帽子顶高边平，里子用白毡制成，外边饰皮子或将毡子染成紫绿

色作装饰，冬厚夏薄。帽顶缀缨子，帽带为丝质，男女都可以戴。呼伦贝尔的巴尔虎、布里亚特蒙古，男戴披肩帽，女戴翻檐尖顶帽。玛瑙、翡翠、珊瑚、珍珠、白银等珍贵原料使蒙古族的首饰富丽华贵。男子的颜色多为蓝、黑褐色，也有的用绸子缠头。女子多用红、蓝色头帕缠头，冬季和男子一样戴圆锥形帽。蒙古族男子穿长袍和围腰，妇女衣袖上绣有花边图案，上衣高领。妇女喜欢穿三件长短不一的衣服，第一件为贴身衣，袖长至腕；第二件外衣，袖长至肘；第三件无领对襟坎肩，钉有直排闪光纽扣，格外醒目。

蒙古族的首饰富丽华贵

• 服饰特点

蒙古族服饰具有浓厚的草原风格。因为长期生活在塞北草原，蒙古族人不论男女都爱穿长袍。牧区冬装多为光板皮衣，也有绸缎、棉布衣面者。夏装多布类。长袍身端肥大，袖长，多红、黄、深蓝色。男女长袍下摆均不开衩。红、绿绸缎做腰带。男子腰带多挂刀子、火镰、鼻烟盒等饰物。喜穿软筒牛皮靴，长到膝盖。农民多穿布衣，有开衩长袍、棉衣等，冬季多毡靴乌拉，高筒靴少见，保留扎腰习俗。男子多戴蓝、黑褐色帽，也有的用绸子缠头。女子多用红、蓝色头帕缠头，冬季和男子一样戴圆锥形帽。未婚女子把头发从前方中间分开，扎上两个发根，发根上面带两个大圆珠，发稍下垂，并用玛瑙、珊瑚、碧玉等装饰。还有比较有特色的是蒙古族摔跤服。

鄂伦春族服饰 ＞

鄂伦春族我均着宽肥大袍。因过去主要从事游猎作，服饰多以鹿、狍、犴皮制作。领口、袖口、襟边、大袍开衩处均有刺绣、补花等装饰，常用云纹、鹿角纹等。戴犴皮帽，女帽顶用毡子，上缝各种装饰和彩穗；姑娘戴缀有珠子、贝壳、扣子等装饰的头带。男子出猎时，穿狍皮衣、皮裤，戴狍头皮帽，穿乌拉。现今日常已普遍着布衣、胶鞋，但他们出猎时仍多着皮衣。

鄂伦春族

• 服饰图案

主要有几何纹、植物纹、动物纹三种：

几何纹。数量最多，主要有圆点纹、三角纹、水波纹、浪花纹、半圆纹、单回纹、双回纹、丁字纹、方形纹、涡纹等。多半依个人需要大量组合，以产生新的图案节奏和旋律。

植物纹。数量居次，以叶子纹、树形纹、花草纹、花蕾纹等为主，其中南绰罗花纹样尤为突出，运用甚广。鄂伦春语"南绰罗花"意为"最美的花"，象征纯洁的爱情。多用于姑娘嫁妆的，以示爱情纯真幸福。花形呈十字架形，以云卷变形纹表示。

动物纹。数量最少，主要有云卷蝴蝶纹、鹿形纹、鹿头云卷纹及马纹。还有借鉴他民族的纹样，如"寿"字纹等。

羊皮制作衣服。在不同季节有长衣、短衣之别。带毛长大衣皮板朝外，毛朝里，侧方开襟，穿时束长腰带。在野外骑马放牧时能挡风御寒，是牧区鄂温克族经常穿的劳动服。还有一种称为"胡儒木"的外套皮上衣，在办喜事时，需穿这种衣服作为礼服。称为"浩布策苏翁"的羔皮袄是做客会亲友和节日穿的服装，在衣服的边角讲究缝各种花纹。过去衣服上曾用铜扣、杏木扣和玉石扣。陈旗鄂温克族妇女冬夏都穿连衣裙，上身较窄，下身裙部多褶宽大。已婚妇女的衣袖中间，缝有一寸来宽的彩布绕袖，称为"陶海"，穿有彩色

• 制作材料

在敖鲁古雅生活的鄂温克族的衣帽鞋靴被褥都用兽皮制作。衣服是用刮去毛的犴皮制作，用树皮水泡或烟熏等方法，把皮衣褥染成黑色、黄色。过去的冬季皮帽用狍头皮做帽子的外面，用灰鼠或猞猁皮毛做里，暖和、美观，在狩猎时作为伪装不易被野兽发现。在缝制皮衣物时，需用犴、鹿筋捻线缝，树枝刮也不开线。在衣服的边角、开衩处缝制图案装饰。

100多年前，他们开始使用棉布做衣服。女子一般外穿连衣裙，衣领较大，领上有白绿道镶边，下摆较宽，前面对襟，过去衣服曾以兽骨做扣。老年妇女多穿蓝色、黑色，少女穿红色、天蓝色。男女都穿犴皮靴子，冬靴是带毛的，夏靴是去毛的，隔潮、轻便，走路无声，便于狩猎和在山林中行走。

布镶边的坎肩。连衣裙以青、蓝色为多，镶边多用绿色。男人的帽子呈圆锥形，顶尖有红缨穗，帽面用蓝色布料缝制，夏帽为单布帽，冬帽以羔皮、水獭皮或猞猁皮制作。

狍子皮制作皮制作衣服。根据春季和冬季猎获的狍子皮的质地，制作不同季节的衣服。其中狍子皮长衣侧面开襟，下摆两边开衩，穿时腰系皮带或布带。也用狍子皮做裤子和套裤。猎人用的狍子皮手套分两叉，小叉套里插大拇指，便于拿东西。手套腕处有一道横开口，在寒冷的冬天，可十分方便地把手露出，推弹上膛，举枪射击。有一种靴子称为"敖斯勒温特"，是用16张狍子腿皮制作的。也用狍子皮做帽子、皮袜子等。自清代以来，鄂温克族用布料制作衣服越来越多。妇女的布料衣服多仿效八旗服装样式，袖宽、有镶边，穿的鞋也用布制作，绣有花草图案，男女均穿坎肩。

> **鄂伦春族的服饰礼仪**

　　旧社会鄂温克族服饰样式，有社会地位、等级和礼节的区别。如男装普通百姓只有两边开衩，而官员袍子前后左右都有开衩，前后衩口有扣子。衣扣被鄂温克人叫"陶日奇"，他们多用铜扣、杏木扣和骨扣。后出现了银扣，富人也有用翡翠、玛瑙、珊瑚等制扣，用布或线绳结扣是以后的做法了。一般百姓衣服只能钉5个扣子，超过5个扣子就是不规矩的表现，让章京（佐领）等官员见了要挨板子的，而官员服开衩上也有扣，多达数十个。一般人不戴帽子不许向官吏和长辈见礼，见官时必须把烟袋拿下插到靴腰里，否则会受打骂。

维吾尔族服饰 >

维吾尔族的服饰不仅花样较多，而且非常优美，富有特色。维吾尔族妇女喜用对比色彩，使红的更亮、绿的更翠。维吾尔族男性讲究黑白效果，这样粗犷奔放。维吾尔族是个爱花的民族，人们戴的是绣花帽，着的是绣花衣，穿的是绣花鞋，扎的是绣花巾，背的是绣花袋，衣着服饰无不与鲜花息息相关。

维吾尔族服饰形式清晰，纹饰多样，色彩鲜明，图案古朴，工艺精湛，其发展演变规律清楚，有些服饰款式与新疆出土衣物颇为相似，体现了一个地区、一个文化的历史沉淀。又具有鲜明的民族文化特色的审美接受范式，从中窥见民族服饰的传承性与地域性的习俗。

• **男装特点**

维吾尔族的服装一般都比较宽松。男装比较简单，主要有亚克太克（长外衣）、托尼（长袍）、排西麦特（短袄）、尼木恰（上衣）、库依乃克（衬衣）、腰巾等。维吾尔族将外衣统称为裕祥。这些衣服多用黑、白布料，蓝、灰、白、黑等各种本色团花绸缎料等制作。

• 女装特点

维吾尔族妇女爱穿裙装，喜选择鲜艳的丝绸或毛料裁制裙装，常见的有红、大绿、金黄等色的质料，内穿淡色对裙。她们更偏爱本民族独创的艾得来丝绸缝制连衣裙。每逢假日或喜庆佳节，从街市、乡村、山野，随处都可见到身穿不同花色、纹样的艾得来丝绸缝制的花裙。丝绸的花纹如彩云飘飞，色泽明丽，浓郁华丽，透出创造者内含灵性的天赋。维吾尔人誉称它"玉波甫能卡那提古丽"，即给人们带来春天气息之意，是美好的祝福。女裤裤角肥大，裤长及裸骨。

维吾尔族妇女衣服式样很多，主要有长外衣、短外衣、坎肩、背心、衬衣、长裤、裙子等。过去维吾尔族妇女普遍都穿

色彩艳丽的连衣裙和裤子。裙子大都是筒裙，上身短至胸部，下宽大，长及腿肚子。维吾尔族妇女除用各种花色的布料做连衣裙外，最喜欢用艾得来斯绸，这是一种专门用来做衣裙的绸子，富有独特的民族风格。维吾尔族妇女多在连衣裙外面穿外衣或坎肩。裙子里面穿长裤，裤子多用彩色印花布料或彩绸缝制，讲究的用单色布料做裤料，然后在裤角绣上一些花。妇女的长外衣主要有合领、直领两种，年轻妇女喜欢穿红、绿、紫等鲜艳的颜色，老年妇女喜欢穿黑、蓝、墨绿等团花、散花绸缎或布料；衣服上缀有铜、银、金质圆球形、圆片形、橄榄形扣袢，讲究的在衣领、袖

63

口等处绣花。女式短外衣有对襟短上衣、右衽短上衣、半开右衽短上衣三种。

　　维吾尔族不仅喜欢养花种花，而且喜欢将各种花卉图案绣在服装上。维吾尔族妇女喜欢在衣服领口、胸前、袖口、肩、裤脚等处绣花。就男子穿的服装上也绣有花纹，主要在合领衬衣的领口、胸前、袖口等绣花，表现了维吾尔族浓郁的装饰美感。

　　维吾尔族妇女非常喜欢戴耳环、戒指、项链、胸针、手镯等首饰。女孩子从五六岁开始，甚至更早，就开始扎耳眼，佩戴耳环。她们喜欢用"奥斯曼"的液汁描眉，在没有奥斯曼的冬季，用"苏尔麦"（石墨）或菖蒲来描眉，使本来就浓密的眉毛显得更黑，用"海乃古丽"（凤仙花）染指甲，用"依里木"（沙枣树胶）抹头发，用红花的花瓣作胭脂和口红，有用樱桃和玫瑰花汁相混合，用于涂脸和嘴唇，这些都是维吾尔族妇女普遍使用的最理想的天然化妆品。

特色传统帽子

维吾尔族帽类及头饰种类很多,在维吾尔族服饰中最有特色。维吾尔族男女都喜欢戴帽子,因为戴帽不仅具有防寒或防暑的功能,更重要的是作为生活礼仪中的需要,社交、探亲、访友以及节日聚会等

维吾尔花帽不仅选料精良,且工艺精堪,制作小花帽的维吾尔工匠,都有一套"绝活"。花帽的图案与纹样千变万化,各不相同。花帽的样式、花纹与图案也与各地域环境的有关,各地的花帽,都具有明

场合均需佩戴。维吾尔族的传统帽子主要有皮帽和花帽两大类。

皮帽主要用于御寒,大多用羊皮制作,也有狐皮、狸皮、兔皮、旱獭皮、海獭皮、貂皮等。皮帽本来是冬天戴的,具有保暖和御寒作用。但是维吾尔族群众中有夏天戴皮帽的习俗,是因为它还具有保持头部皮肤湿润和防暑的作用。

显的地方特色。喀什地区花帽样式繁多,尤以男花帽显著,那种以黑底白花纹为主、色彩对比强烈、格调典雅的"巴旦木"图案,按纹饰的线构成的,凌角突起而显出立体感,却把黑白色深印在人们的脑海中。和田、库车地区的花帽则以优质的丝绒面料,又配色彩各异的丝绒编织纹样,疏密有致的穿插,致使纹样溢出独特韵味。有

• 鞋靴特点

维吾尔人穿着鞋靴是传统的习惯，历史久远，可追溯到千年以上。他们的先祖曾经是游牧于高山雪域，纵横驰骋在广阔的西陲边塞富饶土地上的游牧民族。穿靴便于骑射，也称其为保暖耐寒的"足衣"。《逸雅》云："履礼也，饰足所以为之。"

维吾尔族的鞋多为牛皮面制作。在农牧区生

的花帽镶饰串珠、金银饰片，珠饰圆润光泽，巧妙地运用图案本身结构的因素，使花帽繁花似锦。还有的花帽顶部纹饰凸起，彩线编织细腻，彩球串缀闪亮夺目，是新娘的喜爱之物。吐鲁番地区的花帽则以色彩艳丽著称，那大红的花纹配上翠绿的花纹，宛如朵朵绚丽的花。伊犁地区的花帽，不仅突出线纹的流动感，它的特色具有素雅、大方的优点，花帽造型扁浅圆巧，纹样简炼概括。

套鞋

套鞋

活的劳动者大多自己制鞋。也有制作鞋、靴的民间工匠。他们掌握了从制作木楦头到选皮、鞣革到制皮鞋、靴成品的一整套传统绝技，技术熟练、手艺精湛，不比制鞋厂工人逊色。由于经济生活的稳定，交通的便利，鞋、靴价格的合理，现代的维吾尔族人也去商店买鞋穿。

居住城镇的维吾尔族人，喜双在鞋、靴外面套上胶鞋，这是一种良好的卫生习惯。无论走亲访友，或是在自己居室内，他们都在屋前把套鞋脱放门外，以防把泥土、脏物带进屋内。套鞋一般有两种样式，一种是圆头的套鞋，另一种是软底皮靴套鞋。

维吾尔族先民由于经历过长期的狩猎、游牧生活，为了适应这种生活，养成了穿"玉吐克"（皮靴）的习俗，这种装束至今仍为维吾尔人所喜爱。维吾尔族的鞋类主要有"玉吐克"（皮靴）、"去如克"（皮窝子）、"买赛"（软靴）、"开西"（皮鞋，类似套鞋，多在夏季穿）、"喀拉西"（套鞋）。维吾尔族群众的鞋、靴多用牛羊皮革做成。过去维吾尔族群众女式靴子上绣有各种花纹，非常漂亮。维吾尔族男女都喜欢"玉吐克"（皮靴），中老年人多穿"买赛"，外面加穿"喀拉西"（套鞋）。过去维吾尔族多穿用皮子做的"喀拉西"，现在则普遍用橡胶制作的"喀拉西"，既可以保暖，又可以保护靴鞋，入室或清真寺大殿要脱套鞋，以保持室内清洁。寒冷的地方，冬天穿毡筒。

哈萨克族服饰 ⟩

哈萨克族的是以草原游牧文化为特征的民族，服装便于骑乘，其民族服装多用羊皮、狐狸皮、鹿皮、狼皮等制作，反映着山地草原民族的生活特点。

男子内穿套头式高领衬衣，青年人的衣领上多刺绣有彩色图案，套西式背心，外穿布面或毛皮大衣，腰束皮带，上系小刀，便于饮食，下穿便于骑马的大裆皮裤，戴的帽子分冬春、夏秋季两种。冬春季的帽子是用狐狸皮或羊羔皮做的尖顶四棱形帽，左右有两个耳扇，后面有一个长尾扇，帽顶有四个棱，这种帽可遮风雪、避寒气；夏秋季的帽子是用羊羔毛制作的白毡帽，帽的翻边用黑平绒制作，这

种帽既防雨又防暑。男子穿的鞋、靴也多用皮革制成。

哈萨克族女子的服饰，多姿多彩。她们喜用白、红、绿、淡蓝色的绸缎、花布、毛纺织品等为原料制作连衣裙，年轻姑娘和少妇一般穿袖上有绣花、下摆有多层荷叶边的连衣裙。夏季套穿坎肩或短上衣，冬季外罩棉衣，外出时穿棉大衣。女

柯尔克孜族服饰 〉

"柯尔克孜"是40个姑娘的意思。柯尔克孜族大部分居住在新疆的克孜勒苏自治州，部分散居南疆的乌什、阿克苏、英吉莎、塔什库尔干、皮山等县以及北疆的特克斯、昭苏、额敏、博乐、精河、巩留等县及牧区。服装的形式，男子上身穿白色绣花边的圆领衬衫，外套羊皮或黑、蓝色棉布无领长"裕袢"，也有用驼毛织成的，袖口黑布沿边。系皮腰带，带上拴小刀、打火石等物；女穿对襟上衣，宽大无领，长不过膝，缀银中，多褶的长裙下端镶皮毛。也有穿连衣裙者，裙子下端带雏裆，外套黑色坎肩或"裕袢"。柯尔克孜人喜爱红色，其次是白色和蓝色。它表现在服饰、绘画、装饰和工艺品上，这是柯尔克孜人开朗、热情、豪放的民族性格的很好的反映。

子最讲究帽子和头巾。未出嫁的姑娘夏天戴漂亮的三角形或方形头巾，冬天戴一种绒布的硬壳圆顶帽，帽顶饰有猫头鹰羽毛，象征勇敢、坚定。新娘戴一种尖顶帽，上有绣花与金银珠宝装饰，前方还饰有串珠垂吊在脸前，一年后换戴花头巾，有孩子后开始戴披巾。

69

裕袢

• 关于帽子的习俗

　　柯尔克孜族男子不留须，不蓄发。如为独生子，可在 10 岁内蓄发，但不能蓄其全部，只在头部的前、后、左、右留上四撮圆形或半圆形的头发作记号，长至 10 岁，这种记号便要被剃掉。男子的帽子多用红布制成（其他颜色的也有），在帽子的顶上有丝绒作成的穗子。穗子上缀有珠子等装饰品，冬季戴皮帽。

　　在众多的帽子中，最典型而又最普遍的是一年四季常戴的、用羊毛毡制作的白毡帽。这种白毡帽是从服饰上识别柯尔克孜族最鲜明的标志，柯尔克孜人非常珍惜它，将其奉为"圣帽"。平日不用时，把它挂在高处或放在被褥、枕头等上面，不能随便抛扔，更不能用脚踩踏，也不能用它来开玩笑。

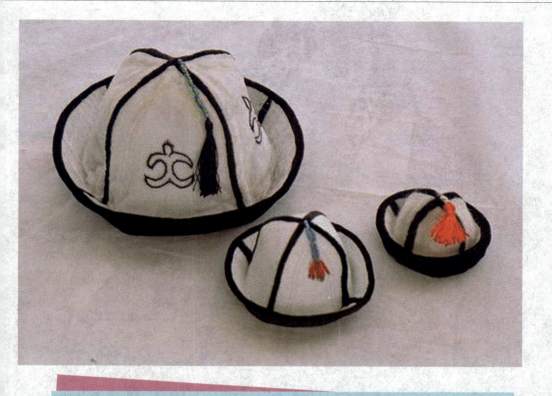

白毡帽的传说

　　柯尔克孜人的这种白毡帽已有悠久的历史。关于这种帽子的来历，至今在柯尔克孜族中还流传着一个美丽动人的传说。古代，柯尔克孜族有一个英俊、勇敢而又足智多谋的国王，在长期的征战过程中，他经常感到出战时其军民衣帽不一、战马多色，影响军威和战斗力。于是，在即将远征之前，他召集40位谋臣，下令统一战马的颜色，并要他们用40天时间，给每个军民准备好一顶统一的帽子，这顶帽子既要像一颗光芒四射的星星，又要像一朵色彩斑斓的花朵；既要像一座白雪皑皑的冰峰，又要像一个绿草如茵的山环；既能躲避雨雪，又能防止风沙袭击。39天过去了，39位谋臣都因设计的帽子未能达到国王的要求而被杀。最后，第40位谋臣的一位才貌出众、聪明能干的女儿急中生智，设计出了这种白毡帽，国王非常满意，便下令所属军民戴用，从此戴白毡帽这一传统被传袭至今。

乌孜别克族服饰 >

乌孜别克族的传统服饰具体体现了乌孜别克族独特的审美观点。以其华丽精美、别致美观的服饰为中国服饰文化增添了瑰丽的姿彩。

乌孜别克族的传统服饰，以男女都戴各式各样的小花帽为特点。花帽为硬壳、无檐、贺形或四棱形，带棱角的还可以折叠。花帽布料为墨绿、黑色、白色、枣红色的金丝绒和灯心绒，帽子顶端和四边乡有各种别具匠心的几何和花卉图案，做工精美，色彩鲜艳。男子的传统服装是一种长度过膝的长衣，长衣有两种款式，一种为直领、开襟、无衽，在门襟、领边、袖口上绣花边。信服上有花

色图案，十分美观；另一种为斜领、右衽的长衣，类似维吾尔族的"袷袢"。腰束三角形的绣花腰带，一般年轻人的腰带色彩都很艳丽，所穿领边、袖口、前襟开口处都绣着红、绿、蓝相间的彩色花边图案，表现了乌孜别克族工艺美术的特点。老年人却爱穿黑色长衣，腰带的颜色也

偏于淡雅。乌孜别克男女传统上都爱穿皮靴、皮鞋，长靴外面还常穿胶制浅口套鞋，进屋时脱下套鞋，就可以不把泥土带进屋内，十分卫生。

夏季，青年女子穿花团锦簇的连衣裙。胸前往往精工绣上各式各样的花纹和图案，并缀上五彩珠和亮片。有

时，在连衣裙的外面加上绣花衬衫、西服上衣，下配各式花裙，秀雅不俗，别具风采。相对而言，老年则喜欢宽大褶多的衣裙，不过都是丝绸制成。乌孜别克妇女爱穿名叫"魁纳克"的连衣裙，宽大多褶，不束腰带，有的在连衣裙外再穿各种颜色坎肩，也有穿各式各样短装的。妇女的冬装更是华贵，富有西北风情。她们除毛衣、毛裤、棉、绒上下衣、

呢大衣之外，还喜欢穿价格昂贵的狐皮、羔皮、水獭、旱獭等裘皮上衣，再穿上一双高筒皮靴，显得身材更为修长伶俐。

乌孜别克妇女戴的首饰样式繁多，质料考究。金、银、珠、玉、绒、绢精工制成的簪、环、花，错落有致地戴在头上，再配上精美玲珑的耳环、金光闪烁的项链、戒指，那真是珠光翠影，大有时装模特的风范。

拉祜族服饰 >

拉祜族男子身穿浅色右衽交领长袍和长裤，喜欢佩刀，系腰带，脚穿布鞋，头戴包头，长袍两侧有较高的开衩，领口衣襟等处用深色布条镶边，包头用白红黑等各色布条交织缠成。拉祜族妇女服装具有青藏高原妇女服装的特点，穿的是黑布长衫，长至膝下，两侧开衩且开衩较高，立领右衽，缀有银泡装饰，喜欢用红色或白色花边镶缀在袖口、襟边，显得光艳美丽。下穿长裤。西双版纳有的妇女剃光头，包黑包头巾，戴大耳环，胸前佩挂"普巴"（大银牌）。

澜沧茨竹河、双江勐库、沧源、耿马等地穿长衣、长裤的拉祜族妇女，普遍束

"魁纳克"的连衣裙

同时，银饰品也是拉祜青年男女互赠的信物。

- **"背袋"饰品**

　　"背袋"既是拉祜族的生产生活用品，也是男女共同喜爱的服饰之一。无论走到哪里，拉祜族人都挎一个背袋，装上生产、生活必需品。拉祜背袋的装饰，有的用小块花色布组成几何图案，有的用银泡或绒丝线制作，色彩鲜艳，美观大方，多数由美丽的拉祜族女手工制作而成。

腰带；腰带多用红、绿、黄色布制作；腿上配有脚统，用青蓝布制成，长约1尺，上有精致的几何图案装饰。

- **衣服饰品**

　　拉祜女性都较注重衣服上的饰品。最初的服饰较为简单，只在衣服的斜开襟、手袖边、背肩等处，用红、白、黄小块包布镶边。随着手工业的发展，用白银制作的各种服饰制品备受拉祜族妇女喜爱。主要有银泡、银吊子、银扣、银手镯、银项圈、银耳环等。每逢喜庆日子，拉祜族女性特别是青年妇女，都要身着用银制品装饰的盛装，戴上耳坠耳环，脖系项圈，头缠包头聚集在一起，这时到处是银光闪烁、美丽动人的景象。

• 服饰特点

拉祜族妇女服装具有青藏高原妇女服装的特点，多穿黑布开襟长衣，衫长到脚面，开衩至腰部，衣领和开衩处都镶锈彩色花边和银泡，下穿长裤。西双版纳有的妇女剃光头，包黑包头巾，戴大耳环，胸前佩挂"普巴"（大银牌）。

衣尚黑色是拉祜族服饰的一个特点。拉祜族最喜爱黑色，以黑为美，以黑为主色。服装大都以黑布衬底，用彩线和色布缀上各种花边图案，再嵌上洁白的银泡，使整个色彩既深沉而又对比鲜明，给人以无限的美感。

至今，拉祜族仍然非常喜爱穿传统服饰，通过拉祜族服饰，仍可窥见古代氐羌系统民族的衣着形象。唐代文献中记载，古代乌蛮"妇人衣黑缯，其长曳地"。

• 生活习俗

拉祜族男女过去均喜欢剃光头，但未婚女子不剃，婚后妇女要在头顶留一绺头发，曰"魂毛"，以示男女之别。现在多数青年女子已蓄发梳辫，偏远山区的拉祜族妇女仍保留剃发的习俗。他们认为剃光头卫生、舒适，又是妇女美的标志。

• 服饰饰品

拉祜族男女均喜戴银质项圈、耳环、手镯，妇女胸

基诺族服饰 ›

基诺族人数虽少，但在服饰上是一个很有特点的民族。在一般民族的服饰中，往往女子服饰比男子服饰丰富，但基诺族却恰恰相反。基诺族服饰简单古朴，他们喜欢穿自织的带有蓝、红、黑色彩条的土布衣服。基诺族男子穿宽裤和无领对襟白外衣。女子上着绣有各色图案的白色背心，外罩无领长袖外衣，下穿黑色红边的合缝裙子，身背大麻布袋。基诺族崇拜太阳，日月花饰就是基诺族人民审美心理的历史积淀，它蕴藏着丰富的文化内涵。

前还多佩挂大银牌。节日或盛装时，男女均喜长方形的背袋。背袋系自织的青布或红白彩线编织而成，袋上饰有贝壳和彩色绒球。男女青年恋爱时除赠送绣荷包、腰带外，背袋也是定情物。

77

• 耳环

基诺族男女皆喜欢戴大耳环，耳环眼较大。他们认为耳环眼的大小，是一个人勤劳与否的象征，所以从小就穿耳环眼，随着年龄的增长耳环眼逐渐扩大。如果一个人的耳环眼小，则会被人认为是胆小、懒惰。

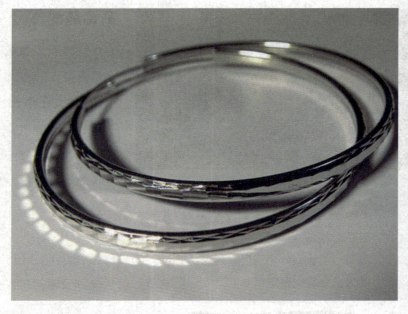

• 头饰

基诺族的头饰独具特色，女子头戴尖顶式披肩帽，用自织的白色厚麻布制成，上面饰有条状花纹。有的帽子下摆很长，绣有彩色的挑花几何图案，下檐用珠子、绒线和羽毛做流苏。未婚少女将帽子服贴地戴在头上，已婚妇女则在头上架起一个竹篾编的架子，使帽子高高隆起。男子头帕上最好的装饰品是用红豆组成花纹的饰物，下面坠有白木虫的翅膀，这是姑娘给小伙子的定情信物，白木虫的翅膀坚硬光亮永不褪色，象征着坚贞不渝的爱情。

• 衣服

　　基诺族的服饰具有古朴素雅的风格。男子一般穿白色圆领无扣的对襟上衣，及膝的宽筒裤，裹绑腿，用长布包头，戴刻着花纹的竹木或银制的耳环。妇女穿圆领无扣短上衣，镶七色纹饰，内衬紧身衣或戴菱形刺绣胸兜。下着前面开合式的短裙，裹绑腿，头戴披风形的尖顶帽。基诺族的服饰原料多为棉麻混纺的土布，颜色以原色为主，其间点缀黑红色条。织布技术原始简易，织出来的布不润滑、无光泽，但结实耐用，深受基诺族的喜爱。

• 尖顶帽

这种帽子别具一格，形似现代都市风雨衣上的尖顶帽，是基诺族妇女服饰的一个显著特征。它是用长约 60 厘米、宽约 23 厘米的竖线花纹砍刀布对折，缝住一边而成。戴时常在帽檐上折起指许宽的一道边。身材苗条的基诺族妇女穿戴上这样一套色彩协调、剪裁适体的服装，显得既庄重大方，又活泼俏丽。

• 染牙

基诺族还喜欢染牙，这也是一种美，染牙大体有两种方法：一是槟榔和石灰放在嘴里嚼食，时间久了牙齿逐渐变黑，且经久不褪色，这种方法染的牙还能保护牙齿不被虫蛀。另一种方法是把燃烧的花梨木闷在竹筒里，用熏出的黑汁涂在牙齿上，这种方法是年轻姑娘们谈情说爱或结婚打扮时喜用的办法。

在头上，非常漂亮。因为在台湾高山族看来，饰物不但美观，而且还是一种身份的象征，这也是我国古代百越族的传统，高山族在古代以裸为美。仅以幅布遮阴，毛皮围腰。但接触汉文化以后，逐步形成男穿长衫女着裙，讲究服饰美。衣服除兽皮、树皮外，多用自织麻布并加彩纹装饰。男子衣饰类型，北部常见无袖胴衣、披衣、胸衣、腰带；中部常见鹿皮背心、胸袋、腰袋、胸衣、黑布裙；南部常见对襟长袖上衣、腰裙、套裤、黑头巾等。女子衣饰类型包括短衣长裙和长衣短裳。雅美人服饰简单，男子以丁字布遮下身，上穿背心；女子通常上穿背心，下着筒裙，冬天以方布裹身。

高山族服饰 >

台湾高山族传统服饰色彩鲜艳，以红、黄、黑3种颜色为主，其中男子的服装有腰裙、套裙、挑绣羽冠、长袍等，女子有短衣长裙、围裙、膝裤等，除服装外，还有许多饰物，如冠饰、臂饰、脚饰等，以鲜花制成花环，在盛装舞蹈时，直接戴

• 风格——各具特色

　　台湾高山族 9 个族群的传统服饰各有特色。如排湾男人喜欢穿带有刺绣的衣服，用动物的羽毛做装饰物，女子盛装有花头巾、刺绣长衣、长袍；阿美人有刺绣围裙，男人有挑绣长袍、红羽毛织披肩；布农男人以皮衣为主，女子有缠头巾、短上衣、腰裙；卑南人以男子成年和女子结婚时的服装最为华丽漂亮。

　　鲁凯人的传统服饰色彩鲜艳，手工精巧，是台湾高山族服饰中的佼佼者。在节庆的时候，鲁凯男人们戴上漂亮的帽章，

佩上华丽的上衣，格外精神；女人们穿上挂满珠子的礼袍或裙子，非常漂亮。瞧，

这位鲁凯姑娘从上到下披披挂挂，再加上一顶厚重的帽子，全身重量马上就多了二三十斤，真是美女难为啊。

泰雅人的服装可分为便装和盛装。平时劳动穿便装，十分简单，妇女的服装大都是无领无袖无扣的筒衣。节庆时穿盛装，还要加上许多的装饰品，有趣的是，泰雅男子的饰物比女子还要多。

人数较少的赛夏人的服饰也很有特色，最吸引人的一种叫"背响"的饰物。"背响"也称"臀饰"，只在举行祭奠或舞蹈中使用，形状大小好像背心，上窄下宽，彩绣着各种花纹，下面缀着流苏和许多小铜铃，穿戴时背在背上，跳舞时响成一片，煞是好听。

泰雅人的服装

● 异国风情

世界服装发展史 ＞

  从1.8万年前山顶洞人的骨针,到基督教文化中亚当、夏娃的无花果叶,我们人类就此开始了漫长的穿衣史。事物的发展总是物极必反。经历了几千年的穿衣史,人类终于厌倦了繁文缛节的"穿"衣,而开始了"脱"。原来的外衣被脱却;曾经是内衣的角色又变成了外衣,似乎像节肢动物的蜕皮一样。

据统计，体面的淑女至少背负 10~30 磅重的衣饰。我们不难想像，若将路易十六或伊利莎白一世那一件又一件的华贵衣袍都卸去，他们将会变得多么羸弱和寒碜。在这一段历史里，服装的某些功能被夸张到畸形的境地，人们把"穿"衣的行为变得如此冗长与困难。

• 维多利亚时代的贵妇

　　人类衣服渐渐脱去的过程相当缓慢。我们不可能想象上古的吉布森少女装一夜之间会脱成比基尼泳装。像维多利亚时代的贵妇在穿着极不科学的紧身胸衣和大撑裙外，还须穿 9 件衣服和 7 至 8 条裙，若要外出还须加一件厚重的羊毛披肩和一顶插上羽毛、花朵、丝带及面纱的大帽子。

GU JIN ZHONG WAI FU ZHUANG XIU

• 女人也是两足动物

　　人类身上衣物的精减始于 20 世纪。故事当然应该回到"衣多为贵"的穿衣史的终结，即 19 世纪末与 20 世纪初。但必须强调，使人类选择脱衣的绝不是衣着者们的主观意愿。有这样一则寓言：风和太阳打赌，说谁能让行人脱下衣服。求胜心切的风使劲鼓吹，却未能奏效，行人反而将衣服裹得更紧了；而太阳轻轻地洒下热浪，不一会儿行人就脱却了上衣。其实，让人类脱下衣裳的"太阳"，正是现代工业文明。人们顿悟，这么多的衣服已不适应现代气候。现代化的机器生产方式改变了人们的生活方式、价值观念乃至衣着方式。现藏于美国纽约布鲁克林博物馆内的一件对襟长袍，外加长斗篷，是 20 世纪初的海水浴衣，即如今的"沙滩装"，其层次与繁琐令人咋舌，可见上世纪初人们面对脱衣问题，远比今天的想象要困难得多。当淑女们的曳地长裙刚离开地面，舆论界便戏谑道："原来女人也是两足动物。"

夏奈尔的减法设计

　　早年的网球装是长袖衣、长裙和帽，直到第一次世界大战前，一位叫兰格林的人将网球女装的裙下摆稍稍改短，立即引起舆论界的惊呼，称为网球场的"裸腿之战"。最早的解脱应该归功于一位对东方艺术狂热的爱好者、法国时装大师，保罗·波烈，他在服装的传统与现实冲突中，率先让女人脱去了紧身胸衣。那种令女性保持

43 厘米细腰的胸衣，实际上已成为一种损害健康的枷锁。穿，原本应是在人体上进行包装、美化，但最终导致对人体的束缚。而沉重衣物褪去的历史，则一开始就从人类自己罗织的樊笼中解放人体。波烈脱去了紧身衣，却无法摆脱对华贵、浓艳的审美喜好。所以，当夏奈尔那种极具现代感的减法设计出现在世人面前时，波烈曾讥讽她的设计是"高级的穷相"。所谓"穷相"，无非是指夏奈尔的设计脱却了荣华，就像当时的建筑设计，完全丢弃了洛可可、新艺术运动的装饰，剩下的就是"功能"。

• T恤来了

20 世纪 20 年代建筑界掀起了"功能主义"，在服装界表现得颇为彻底，具体而言，脱去所有浮华。事情好像倒了个儿，原来穿上的，如今脱下；原来长的，现在剪短。服装造型愈来愈简洁，裙子下摆离地愈来愈远。到 20 世纪 50 年代，伊夫·圣洛朗的名为"梯形"的成名之作红遍巴黎。这是一款极为简洁的梯形裙，可爱的圆领，两只大口袋；没有蕾丝，没有丝带，简洁得近乎"贫寒"，但这正是一发而不可收的潮流。其实，要论解脱得彻底，当数 T 恤衫。近年来时装界时兴"内衣外穿"，而 T 恤恰是开此风气之先河。这种紧身的针织圆领衫，据说原系法国军服的内衣，又说美国马里兰安纳波利斯码头工人所穿，被美国青年当作便装穿着。特别是好莱坞影星马龙·白兰度在《欲望号街车》的 T 恤形象，令 T 恤风靡全球。如今针织 T 恤比比皆是，成为内衣外穿最普遍的形式。

• 剪刀裁出迷你裙

20 世纪 60 年代无疑是服装减负史上重要的时期。一位来自威尔士的英国女子，玛丽·奎恩特，她一剪刀裁出的迷你裙，开创服装史上最短小的裙子。这种玉腿毕露的"迷你"风迅速迷倒了全世界。一方面，是由于现代人越穿越少的态势；另一方面，一位法国学者佛鲁吉尔提出了更为惊人的预见，他预言：人类终将抛弃衣服这个拐杖，回到裸体。显然目前尚难证明其预言的科学性，但在 60 年代一片反叛的喧嚣声中，确有一批先驱者脱光了衣服，实践了裸体。这就是当时沸沸扬扬的"裸体文化""天体运动"。显然，他们"脱"得太彻底。许多到过天体营的人都表示：裸体的人类身体比穿衣还无趣。

▷ 迷你裙趣味档案

历史上第一个将迷你裙推上全球流行最前线的，是设计师玛丽·奎恩特，那是 1965 年，也被称为迷你之年。20 世纪 60 年代末期，迷你裙方兴未艾之际，伦敦有许多餐厅不接待穿裤装的女士，这引发人们玩起了一种颠覆成规的游戏：女孩们故意中规中矩地在迷你裙下穿上长裤，外罩长大衣，来到餐厅用餐。当门口的接待员拦住她们并为难地解释餐厅的规定时，这些大胆狂放的女子便会在众目睽睽之下，脱下长裤，交给一旁早已满脸通红的衣帽间人员，然后昂首阔步地迈入大厅，完全不理会旁人的议论与跌碎了一地的眼镜片。

GU JIN ZHONG WAI FU ZHUANG XIU

基尼的珊瑚岛

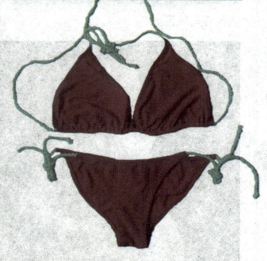

· 爆炸比基尼

精减衣物的历史中最具冲击力的应该是比基尼泳装的诞生。1946年6月30日，美国在被其托管的南太平洋上的一个名为比基尼的珊瑚岛上空，引爆了和平时期的第一颗原子弹，比基尼从此震惊、闻名世界，并成为英语"耸人听闻""惊天动地""轰动效应"等词汇的同义词。在比基尼岛第一颗原子弹爆炸的第18天，法国的一位名叫路易斯·瑞尔德的泳装设计师，于1946年7月18日在巴黎推出了一款由3块布和4条带子组成的泳装，这种世界上遮掩身体面积最小的泳衣，形式简便、小巧玲珑，仅用了不足30英寸布料，揉成一团可装入一只火柴盒中。这种泳装面世令世界震惊的程度不亚于那一颗原子弹爆炸。别出心裁的瑞尔德不失时机地利用比基尼岛爆炸原子弹的影响，果断命名这种两片三点式泳衣为"比基尼"。在这种泳装出现之始，地中海沿岸国家视其为瘟疫，意大利明令禁止，西班牙海岸警卫队驱逐穿比基尼泳装者，甚至美国也曾为比基尼抓过人。

• 内衣外穿潮流

20 世纪 80 年代，一批前卫的时装设计师决定混淆内外衣的界定，这就是"内衣外穿"的潮流。这是一个大胆、蛊惑的年代。美国著名歌手麦当娜在其巡回演唱的舞台装完全以内衣表现，该片在 1991 年戛纳影展时，麦当娜穿着纯白丝胸罩与束裤出席，着实是对以往传统服装观的彻底反叛与藐视。

• 淡极始知花更艳

这样到了上个世纪 90 年代。当巴黎、米兰或纽约的时装大师再一次剪短上衣的下摆，使女士露出了肚脐时，舆论不再惊讶。同样，当 T 型台上的模特穿着透露的时装时，仿佛人类的衣服又被脱去半层皮，再次显示了人们对衣服的眷恋与困惑。倒是一位来自德国汉堡的姑娘，以其品牌 JILSANDER 旗帜鲜明地树起 90 年代的简约主义。这种风格为纷繁的世纪之末抹上了极淡极雅的一笔。回首百年，我们不难看出：从穿到脱，这不只是简单的衣着行为的逆行，而是现代人类社会发展的必然。

日本民族服装——和服 >

和服，江户时代以前通常指吴服，是日本的一种民族服饰。语出《古事记》《日本书纪》《松窗梦语》。明治时代前和服泛指所有服装，而与这个词相对的是洋服，指来自西洋的衣饰。后来此词的词意逐渐单一化，通常单指具有日本特色的民族服装。

• 和服的由来

和服是日本的民族服装，由中国的汉族服饰发展而来，三国时期东吴女人穿的几乎和和服一模一样，就是没有腰后的背包，所以在日本被称为"吴服"和"唐衣"，和服是西方人对吴服的称谓，现在日本人已经接受的这个称谓，但是很多卖和服的商店还是写着"吴服"。江户时代以前，日语的"浴"字是指"热水"，那时候人们把和服称作"汤帷子"。帷子指单衣，即用于单穿的衣物。古时的浴室基本上都是蒸汽式的，和现在的桑拿很相似。人们为了防止被墙壁和柱子烫伤，都穿着汤帷子入浴。汤帷子被称为"和服"始于江户时代。后来，人们逐渐改变了入浴的形式，洗浴时不再穿衣，而是浸泡在热水中。于是，和服便成为洗浴完毕后穿着的简单衣物，并作为夏季休闲体现个人情趣的衣物延续至今。此外，在歌舞伎等戏剧的演出后台，很多演员都穿着和服休息，直到轮到他们出场的前一刻，她们才换上演出服，完成个人角色的转换，出场演出。

- **和服种类**

　　和服的种类很多，不仅有男女之分、未婚已婚之分，而且有便服和礼服之分。男式和服款式少，色彩较单调，多深色，腰带细，穿戴也方便。女性和服款式多样，色彩艳丽，腰带宽，不同的和服腰带的结法也不同，还要配不同的发型。已婚妇女多穿"留袖"和服，未婚女子多穿"振袖"和服。此外，根据拜访、游玩和购物等外出的目的不同，穿着和服的图样、颜色、样式等也有所差异。

- **留袖和服**

　　女式留袖和服是性参加亲戚的婚礼和正式的仪式、典礼等时穿的礼服，主要分为黑留袖和色留袖。以黑色为底色，染有5个花纹，在和服前身下摆两端印有图案的，叫"黑留袖"，为已婚妇女使用；在其他颜色的面料上印有3个或1个花纹，且下摆有图案的，叫"色留袖"。左侧第一张图片即为黑留袖和服

- **振袖和服**

　　振袖和服又称"长袖礼服"，是未婚女子们的第一礼服，根据袖子长度又分为"大振袖""中振袖"和"小振袖"，其中穿得最多的是"中振袖"。主要用于成人仪式、毕业典礼、宴会、晚会、访友等场合。因为这种和服给人一种时尚的感觉，所以已婚妇女穿"中振袖"的也越来越多。

- **访问和服**

　　访问和服是整体染上图案的和服，它

从下摆、左前袖、左肩到领子展开后是一幅图画，近年来，作为最流行的简易礼装，访问和服大受欢迎。开学仪式、朋友的宴会、晚会、茶会等场合都可以穿，并且没有年龄和婚否的限制。

- **小纹和服**

　　小纹和服上染有碎小花纹。因为很适合用于练习穿着，所以一般作为日常的时髦服装，在约会和外出购物的场合，常常可以看到。小纹和服也是年轻女性用于半正式晚会的礼服。

小纹和服

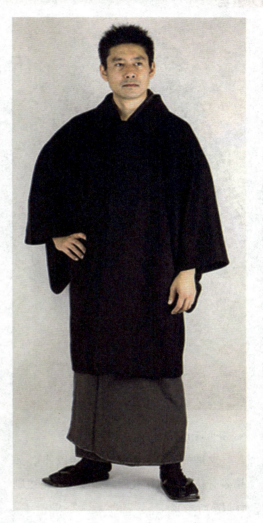

- **丧服**

　　丧服连腰带在内全部为黑色，丧礼时穿。

- **婚服**

　　婚服即结婚时穿的礼服。

- **浴衣**

　　浴衣即沐浴之前所穿。夏季纳凉、节庆时穿着的和服。可直接贴肤穿着。

- **男式和服**

　　男子和服以染有花纹的打褂和裤为正式礼装，即纹付羽织裤。除了黑色以外，其他染有花纹的打褂和袴也只作为简易礼装，可以随便进行服装搭配。

93

• **穿着注意事项**

　　和服着装时需要注意的是和服的左襟和右襟的盖法是有讲究的，一般来说，穿时右襟领贴胸口，左襟领再盖在右襟领上，此穿法称为"右前"，反之则为"左前"。和服穿法，生人是"右前"，即左搭右（襟领）；由于日本人认为，死后的世界与生前相反，因此死者的穿法是"左前"即右搭左。"右前"穿法，有一说是受到中国古代服装影响，也有一说是日本人惯用右手，因此惯将刀在配在左腰间，若采用"左前"穿法，拔刀时受左襟领影响，动作会不顺畅。

　　很多人不知道这一说法，穿和服时右襟搭左襟，甚至很多明星的穿着都是右襟搭左襟，比如说伊能静、杨丞琳参加某节目时就都出现过这个错误，这是不正确的。

• **无地和服**

　　这是一种单色和服（除黑色以外），如果染有花纹可以作礼服，如果没有花纹则作日常时装服。

• **"付下"和服**

　　"付下"和服是袖子、前后身、领子的图案全是自下而上的方向印染的和服总称，比访问和服更轻便舒适。

• **十二单**

　　十二单乃是古代妇女进宫或节会时所穿的盛装礼服。分为唐衣、单衣、表着等，共12层。

94

• 着装禁忌

日本有用衣服"招魂"的习俗：人们或者在死者的枕边，或者登上房顶朝向高山大海，或者挥动死者衣服大声呼唤死者回来。为死者洗其用过的衣服时，要面北而洗，夜半晾晒。洗完晾干后，必须整整齐齐叠好，收藏一段时间后再用棒敲打几下，生者才能穿用。因此，人们在日常浆洗衣服时，都绝不朝北晾晒，而且夜间也不挂在外面。

在城市，正月初一，大部分家庭都不洗衣服。古俗，每月的一日、十五日、二十八日，甚至祭日也不得洗衣。这固然是节假日需要好生休息，也是畏惧在这一天祭祀对象的魂灵飘游而过时附在晾晒的衣服上。新穿刚做好的衣服时，有的地区（如纪州）先将衣服披在柱子上；有的地方（冲绳）要口唱"我也千年，柱也千年""衣服单薄，身板结实"。即使不先给木柱穿，也要叠好后敲打两下再用。这都是出于担

心衣服上藏有某种魂灵的缘故。收藏一段时期后用棒敲打，或者先给木柱穿，从主观愿望来讲，希望起到化解的作用，去灾避邪。

《无何集》载："毋反悬冠，为似死人服"，河南沁阳一带有"反穿罗裙，另嫁男人"的传说。由于死者去的是一个与阳世截然相反的阴间世界，所以死后要反穿衣，反戴帽。日本习俗，人死了下葬时，要左向掩衣襟，意味着死者的一切装束都与生者相反。所以平时人们穿衣服时，最忌讳领子窝在里面，或者以后为前、以里为面。

同样，由于"万物有灵"思想，人们认为自己穿用的衣服必然寄存有自己的灵魂，把自己穿用的衣服赠给最亲近的朋友，意味着把自己的魂魄也赠给了对方，足见一片诚心。有的人赠衣时，还在兜内放一枚五元的日币，这是取五元的谐音，表示"御缘"（与您有缘）之意，另外赠"买衣服钱""买腰带钱"也都是这种习俗的表现。

西装 ❯

西装广义指西式服装,是相对于"中式服装"而言的欧系服装,狭义指西式上装或西式套装。西装通常是公司企业从业人员、政府机关从业人员在较为正式的场合男士着装的一个首选。

西装之所以长盛不衰,很重要的原因是它拥有深厚的文化内涵,主流的西装文化常常被人们打上"有文化、有教养、有绅士风度、有权威感"等标签。西装一直是男性服装王国的宠物,"西装革履"常用来形容文质彬彬的绅士俊男。西装的主要特点是外观挺括、线条流畅、穿着舒适。若配上领带或领结后,则更显得高雅。

另外,在日益开放的现代社会,西装作为一种衣着款式也进入到女性服装的行列,体现女性和男士一样的独立、自信,也有人称西装为女人的千变外套。

• 历史发展

西装的结构源于北欧南下的日尔曼民族服装。

据说当时是西欧渔民穿的,他们终年与海洋为伴,在海里谋生,所以着装散领、少扣,捕起鱼来才会方便。它以人体活动和体形等特点的结构分离组合为原则,形成了以打褶、分片、分体的服装缝制方法，并以此确立了日后流行的服装结构模式。也有资料认为，西装源自英国王室的传统服装。它是以男士穿同一面料成套搭配的三件套装，由上衣、背心和裤子组成。在造型上延续了男士礼服的基本形式，属于日常服中的正统装束，使用场合甚为广泛，并从欧洲影响到国际社会，成为世界指导性服装，即国际服。

现代的西服形成于19世纪中叶，但从其构成特点和穿着习惯上看，至少可以追溯17世纪后半叶的路易十四时代。17世纪后半叶的路易十四时代，长衣及膝的

路易十四

外衣"究斯特科尔"和比其略短的"贝斯特"，以及紧身合体的半截裤"克尤罗特"一起登上历史舞台，构成现代三件套西服的组成形式和许多穿着习惯。究斯特科尔前门襟扣子一般不扣，要扣一般只扣腰围线上下的几粒，这就是现代的单排扣西装一般不扣扣子不为失礼，两粒扣子只扣上面一粒的穿着习惯的由来。

• 文化涵义

19世纪以来，欧洲及美国的政治和社会地位在世界各地都属强势，因此西装成为了通行世界各国的商务和正式服装，亦可视其为认同西方文化的价值体系的体现。

97

- ## 西装饰物

西装上的饰物作为衣着整体美的组成部分，是浓缩了的文化艺术标志。

懂得了西装饰物的来历以及作用，就不会在穿西装时把花眼的眼割开，穿西装不打领带，上衣袋里装钢笔、香烟等，避免在社交场合出现不协调的场面。

- ## 花眼

西装左边的翻领上都有一个扣眼，而右侧的领子上却不钉相匹配的纽扣，许多人对此不理解。其实，它是用来扣住右侧领子的第一颗暗纽扣的，作防风沙和冬天保暖用。它的原型是"俏皮眼"。早在19世纪的欧洲，贵族子弟为显示自己的洒脱风流，逗惹情人的愉悦，往往在自己的胸前藏朵小花，于是左领上的扣眼就成了鲜花插座，背地里称"俏皮眼"，公开场合冠以"美人肯""花眼"的雅号。时至21世纪，许多年轻人，仍在此扣眼上插小花、徽章之类点缀。它是起到装饰的作用。

- ## 袖口钉纽扣

各款西装上衣袖口处均钉2~4枚小纽扣作装饰，这对窄而短的西装袖来说有和谐、放松作用。它的来历十分有趣。传说法国历史上的大腕人物拿破仑一生以注重军容著称于世。他手下有位鲁莽将军鲁彼金，此人能征善战，但风纪不整。他常常往袖口上抹鼻涕。为此拿破仑多次训诫，但不见效，开除军职吧，他又是难得的将才。后来拿破仑令军需将军服的袖口一律安上装饰性尖铜钉，不但壮了军容，也使鲁彼金用袖口揩鼻涕的陋习得以纠正。以后几经改正，尖铜钉变成了装饰扣，但钉于袖口前诸多不便，才逐渐移到袖口的背面去。

• 垫肩

垫肩是西装造型的重要辅料,人们说它"暗中作美事",因为它衬垫的内部不显露出来。据说最初使用垫肩的人是英王乔治一世。他相貌堂堂,但却有点"溜肩",穿西装有点"发水",缺乏男子汉风度。苦恼中的他令人做了一副假肩缝于内衣上,使"溜肩"得以矫正。当西装热席卷英伦时,服装师将乔治一世的办法移来,使垫肩与西装为伍,成为一种美谈。

• 领带

古代的西方人,特别是居住在深山老林中的日耳曼人,他们以狩猎谋生,披兽皮取暖御寒,为不使兽皮从身上掉落,就用皮条、草绳将兽皮串结在脖子上,这是领带的原型。最原始的领带出现于 17 世纪的欧洲,当年一队南斯拉夫克罗地亚骑兵队走在巴黎街头,士兵的脖子上都系着一条五颜六色的布带借以御寒。巴黎上层觉得这种打扮新异、帅气,争相效仿,一时在衬衣领上系带防风,这个就是领带的身世。

• 领结

1650 年的一天,法国的一位大臣上朝言事,脖子上系了一条白绸巾,并打了一个漂亮的三角结。法国路易十四见后大加赞赏,并钦定衣领结为高贵,下令凡尔赛的上流人物都得效仿。爱风流的路易十四演习了打结法,一时系领带(巾)、打结附庸风雅的人骤增,并延续下来。领带的系法很多,式样也越来越丰富。

• 上衣袋装手帕

上衣袋装手帕作美化物已风靡全球,各种拟花式样的手帕常使人仪态生辉,有画龙点睛之妙。这个小巧的饰物最先流行于美国哥伦比亚等 8 所高等学府。他(她)们着西装时爱把手帕做成隆起式花型,边角掩于袋内,外露一部分,称作"爱彼褶型"。这是一种学士风格美的模式,后来被社会各阶层人士接受,手帕也越来越五彩缤纷,成为博雅的一种标志。

燕尾服 >

　　燕尾服是欧洲男士在正规的特定场合穿着的礼服。其基本结构形式为前身短、西装领造型,后身长、后衣片成燕尾形呈两片开衩,源于欧洲人马车夫的服装造型。色彩多以黑色为正色,表示严肃、认真、神圣之意。

　　西式礼服与一般的套装不同,高贵滑爽而又柔和的面料和那合体庄重的造型相辅相成,创造出礼服独有的优雅氛围。这里介绍一下燕尾服的造型特征。

● 燕尾服起源

　　燕尾服起源于英国。在18世纪初,英国骑兵骑马时因长衣不便而将其前下摆向后卷起,并把它别住,露出其花色的衬里,没想到这却显得十分美观大方。于是,许多其他兵种相继仿效。18世纪中叶,官吏和平民纷纷穿起剪短前摆的服装作为一种时尚,这样燕尾服就产生了,并且很快地遍及了全英国。到了18世纪晚期,燕尾服已经在欧美大部分国家风靡起来了。

　　燕尾服最初是硬翻领,领下是披肩;到了18世纪末发展为两种式样:英国式和法国式。英国式是对称三角形宽折高翻领,燕尾服在扣上扣时成对襟形状,它与有白护套的短外裤配套穿,如穿皮裤或紧身裤时就要与黄翻口或不翻口的皮靴配套。法国

是以前那样的单调。举个例子来说，教育门的官员穿的是蓝黑色天鹅绒领子的深蓝色燕尾服；饭店的工作人员穿着素黑色的燕尾服，而且有黑色蝴蝶结作为配物；上层人士、富人及其仆人则穿相应有金银边的燕尾服。

虽然当今的燕尾服有些改变，如领子、袖口等，但总体的改变不大。见到它，让人有一种肃然起敬的感觉，这也正是燕尾服带给人们的魅力所在。

式的燕尾服带有下前摆，在拿破仑帝国初期时的隆重场合下，它与黑天鹅绒短裤配套穿。19世纪30年代，各种配色的黑燕尾服独占欧洲男子时装鳌头。此时的燕尾服式样是单排扣和不剪下摆，它不再与靴子配套。从50年代起，燕尾服仅在隆重的场合穿著。制式燕尾服的兴起，促使燕尾服的再次流行。

时装在不断发展，渐渐地，燕尾服似乎即将退出流行的舞台。但制式燕尾服又给了人们一次机会。这时的燕尾服已不再

燕尾服的袖子很细,袖山很高,袖窿较小,在袖根内侧的腋窝部分有一块做成双层的三角形垫布,以增加耐磨性和吸汗性。

燕尾服衣身部分的里子一般为黑色缎子,袖里子则是白色的人字形斜纹绸。为了使胸部富有体积感,同时又有柔和的悬垂感,在前胸要用弹性较好的马尾衬,后背部分一般用棉布衬或缩绒衬,驳头上要用八字形的针脚来纳,以增加驳头的折返弹性。

与燕尾服相搭配的礼服裤也不同于一般的西裤,立裆较深,一般不用腰带,而用背带"萨斯喷达";裤子前面有两个活褶,裤腿从臀到膝较宽松;裤长略长一些,但没有卷裤脚;外侧裤缝处装饰两条与燕尾服驳头同色同质的丝带;两侧的裤兜为直开兜,前腰省的旁边有单开线的表兜,一般没有后裤兜,要有也只是一侧有,是双开线的挖兜;因使用背带,故裤子前后都装有背带扣;后腰中央有三角形缺口,这里保留着过去定做时代的痕迹。

• 穿着风俗

燕尾服的后衣片长垂至膝部,后中缝开衩一直开到腰围线处,形成两片燕尾。后背两侧有公主线构成,使其造型非常合体,腰部有横向切断线,与前面的衣摆切断线相接,在横切断线下连接着燕尾部分,这是维多利亚时代男装基本裁法的继承。后腰横切断接缝上装饰着两粒包扣,后中缝和两侧的公主线均采用劈缝做法,不缉明线。

牛仔 ＞

最早牛仔裤的出现，源于某个灵机一动的创意。那是在1853年，正是加利福尼亚淘金热最风行的时候。淘金的工人们一直抱怨普通的裤子磨损得太厉害，也装不下淘来的黄金颗粒。于是，一位名叫李维·施特劳斯的商人萌发了用滞销帆布制作一种不易磨损的工装裤的想法。最早的牛仔裤并不是现在最常见的蓝色，而是棕色的，而且裤腰也裁剪得很高，便于工人们把它穿在普通裤子的外面。为了加固，在裤兜和裤门处都使用了崭新的铜纽扣——现在，这已经成了牛仔服装里一种历久不变的标志性元素。

＞ 牛仔的中国市场历史

牛仔布的生产起源于美国，牛仔服的创始人是李维·施特劳斯。李维·施特劳斯原是德国犹太人。第一件牛仔服诞生于19世纪中叶，19世纪90年代才在美国投入大批量生产。当时，美国人为牛仔服在美国诞生而感到莫大的自豪和骄傲，1975年美国庆祝建国200周年时，在华盛顿国家博物馆还曾经展出了一条所谓的"李维"式牛仔裤，吸引了在场人的诸多眼球。牛仔服直到20世纪六七十年代才开始在我国流行，而牛仔布始终伴随着牛仔服装的发展而发展，倘若追溯牛仔布的发展历史，也应该有上百年了，牛仔布经历了百年风雨的洗礼后，长盛不衰，且市场越来越大，因为牛仔面料与服装老少皆宜穿着，有很强的通用性，它将长期成为国内外服装消费者所青睐的时装之一。可以说，当牛仔服装在中国兴起之时，中国的千千万万消费者就"春夏秋冬"都割舍不下对它眷恋之情。

● 服装风格大全

　　服装风格指一个时代、一个民族、一个流派或一个人的服装在形式和内容方面所显示出来的价值取向、内在品格和艺术特色。服装设计追求的境界说到底是风格的定位和设计，服装风格表现了设计师独特的创作思想，艺术追求，也反映了鲜明的时代特色。常见的具体服装风格包括：瑞丽、嬉皮、百搭、淑女、韩版、民族、欧美、学院、通勤、中性、嘻哈、田园、朋克、OL、洛丽塔、街头、简约、波西米亚等。

瑞丽风格 >

瑞丽是日本著名的时尚杂志，分有3个大类："可爱先锋"主要受众群是学生；"伊人风尚"主要受众群是年轻白领；而"服饰美容"大家都可以看。但总体说来，瑞丽的主要风格还是以甜美优雅深入人心，其专属模特桥本丽香就是瑞丽风格的最好诠释。

嬉皮风格 >

嬉皮士本来被用来描写西方国家20世纪六七十年代反抗习俗和当时政治的年轻人。嬉皮士用公社式的和流浪的生活方式来反映出他们对民族主义和越南战争的反对，他们提倡非传统的宗教文化，批评西方国家中产阶级的价值观。从细节上看，繁复的印花、圆形的口袋、细致的腰部缝合线、粗糙的毛边、珠宝的配饰等，都将成为个性化穿着的表达方式；从颜色上看，暖色调里的红色、黄色和橘色，冷色调里的绿色和蓝色都将大热；从款式上看，为了展示身体曲线的美感，女式紧身服采用轻薄又易于穿着的面料；而男式衬衫甚至外套广受异域风情的影响，把夏威夷海滩风情穿进办公室也不奇怪。

百搭风格 ＞

　　百搭，一般为单品，可以搭配各类衣服，很实用的单件服饰，与其他款式、颜色的服饰均能产生一定的效果。一般都是比较基本的、经典的样式或颜色。如纯色系服装、牛仔裤等。

淑女风格 ＞

　　自然清新、优雅宜人是淑女风格的概括。蕾丝与褶边是柔美新淑女风格的两大时尚标志。

韩版风格 ＞

　　韩装舍弃了简单的色调堆砌，而是通过特别的明暗对比来彰显品位。服装的设计者通过面料的质感与对比，加上款式的丰富变化来强调冲击力，那种浓艳的、繁复的、表面的东西被精致的、甚至有点羞涩的展现取代，简洁得连口袋都省了的长裤、不规则的衣裙下摆、极具风情的褶褶花边都在表白它的美丽与流行。

民族风格 >

民族风格更趋向于中国的民族风格的服饰，包括纯民族盛装华服、演出服饰、符合日常穿着的改良民族服装和含民族元素的服装。服装以绣花、蓝印花、蜡染、扎染为主要工艺，面料一般为棉和麻，款式上具有民族特征，或者在细节上带有民族风格。目前流行的经典唐装、旗袍、改良民族服装等是主要款式，当然还包括尼泊尔、印度等民族服装。

学院风格 >

学院风格最常说的是常春藤盟校的学生制服风格，当然也是美国穿着方式与英式传统糅合后的产物。而学院派着装并不以独特的款式为标志，基本上都体现在衣服、配件的细节里。

欧美风格 >

主张大气、简洁，面料自然，比较随意，比较简约搭配感和设计感强。黑白色调、卡其色调为主的服饰，加以马甲、围巾、帽子、珠宝等配饰就可以称为欧美风格。

107

- **分类**

1.甜美风格的连身裙，腰间采用松紧褶皱处理，强调出纤细的腰线。搭配休闲的短袖T恤，A字形轮廓，领口处浪漫的蝴蝶结印花设计吸引视线。白色帆布鞋真是清纯路线的经典，是学生时代的必备。

2.不规则设计的T恤，款式简洁大方，面料穿着舒适，易于搭配。T恤搭配小短裙似乎是近年的潮流，整体造型颜色上都相当简单，看起来很舒适，蝴蝶结印花避免了单调感，配上高跟鞋也不会过于成熟，款式简单也深得少女的喜爱。

3.休闲风格的衬衫，款式非常宽松，前后衣摆长度不同，后面采用褶皱处理，带来随性休闲的感觉。

4.休闲的长款衬衫，色调清新明快，款式比较宽松。胸前采用口袋修饰，吸引视线。卷袖穿更显帅气，搭配短短的裙裤相当随意，整体造型都比较宽松，更能凸显美腿的修长。

5.休闲风格的短裙搭配可爱的小Tee，小tee印有简单的公仔图案很有少女风格，短裙清爽的条纹，腰间装有松紧带，穿着舒适。整体造型色彩上很抢眼，黄色的针织外套感觉很年轻，紫色短袜加粉色平底鞋也非常可爱。

通勤风格 >

　　通勤与OL最大的区别是通勤更具有休闲风格。是时尚白领的半休闲主义服装。休闲已成为这个时代不可忽视的主题。它不仅是度假时的装束，而且会出现在职场和派对上。人们宽容地接纳了平底鞋、宽松长裤、针织套衫，因为这些服饰品让穿着者看上去温和，更加贴近自然，做工精致，重点在于打造干练、简洁、清爽的形象。

中性风格 >

　　20世纪之初，风起云涌的女权运动为中性服饰的流行扫清了一道路障。盛行于六七十年代的"搪皮风貌"将中性装扮导入了流行高潮，以至于你仅以背影根本无法分辨出性别。80年代初，留着长长的波浪型发式，穿花衬衫、紧身喇叭牛仔裤，提着进口录音机的国内青年曾被视为社会的不良分子，成为各种漫画嘲讽的题材。90年代末，中性成了流行中的宠儿。社会也越来越无法以职业对两性作出明确的角色定位。T恤衫、牛仔装、低腰裤被认为是中性服装；黑白灰是中性色彩；染发、短发是中性发式……中性在未来世纪的变化将更为活跃。

109

嘻哈风格 ＞

　　虽然说嘻哈很自由，但还是有些明确的服装标准，好比宽松的上衣和裤子、帽子、头巾或胖胖的鞋子。如要细分，嘻哈的穿法还可以分成好几派。衬衫、刷白牛仔裤、任务靴和渔夫帽，嘻哈中也有时尚感。 整体来说，美国是嘻哈发源地，仍为主流风尚，低调、极简的日式嘻哈属于小众潮流。美国纽约一带由于主流品牌，如Sean John、mecca逐渐调整品牌策略和设计风格，穿着、搭配更注重精致感。美国西部风格一如加州的爽朗、明快、自由，冬天帽T（连帽T恤）、夏天T恤配上垮裤即可，但是非常重视衣服上的涂鸦，甚至当作传达世界观的工具。金属饰品有助提高你的嘻哈指数，但未必非得挂得满身都是。

田园风格 ＞

　　田园风格的设计，是追求一种不要任何虚饰的、原始的、纯朴自然的美。田园风格的设计特点，是崇尚自然而反对虚假的的华丽、繁琐的装饰和雕琢的美。纯棉质地、小方格、均匀条纹、碎花图案、棉质花边等都是田园风格中最常见的元素。

朋克风格 >

　　早期朋克的典型装扮是用发胶胶起头发，穿一条窄身牛仔裤，加上一件不扣纽扣的白衬衣，再戴上一个耳机连着别在腰间的随身听，耳朵里听着朋克音乐。进入上世纪90年代以后，时装界出现了后朋克风潮，它的主要指标是鲜艳、破烂、简洁、金属。

OL风格 >

　　OL是英文office lady的缩写，通常指上班族女性，OL时装多数是指套裙，很适合办公室穿着的。

洛丽塔风格 >

　　西方人说的"洛丽塔"女孩是那些穿着超短裙，化着成熟妆容但又留着少女刘海儿的女生，简单来说就是"少女强穿女郎装"的情况。但是当"洛丽塔"流传到了日本，日本人就将其当成天真可爱少女的代名词，统一将14岁以下的女孩称为"洛丽塔代"，而且态度变成"女郎强穿少女装"，即成熟女人对青涩女孩的向往。

• 三大族群

Sweet Love Lolita —— 以粉红、粉蓝、白色等粉色系列为主，衣料选用大量蕾丝，务求缔造出洋娃娃般的可爱和烂漫，在广州是最多人选择的造型，走在大街上也不算太张扬。这被称为"甜美洛丽塔"。

Elegant Gothic Lolita —— 主色是黑和白，特征是想表达神秘恐怖和死亡的感觉。通常配以十字架银器等装饰，以及化较为浓烈的深色妆容，如黑色指甲、眼影、唇色，强调神秘色彩。这被称为"哥特式洛丽塔"。

Classic Lolita —— 基本上与第一种相似，但以简约色调为主，着重剪裁以表达清雅的心思，颜色不出挑，如茶色和白色。蕾丝花边会相应减少，而荷叶褶是最大特色，整体风格比较平实，适合初玩者。

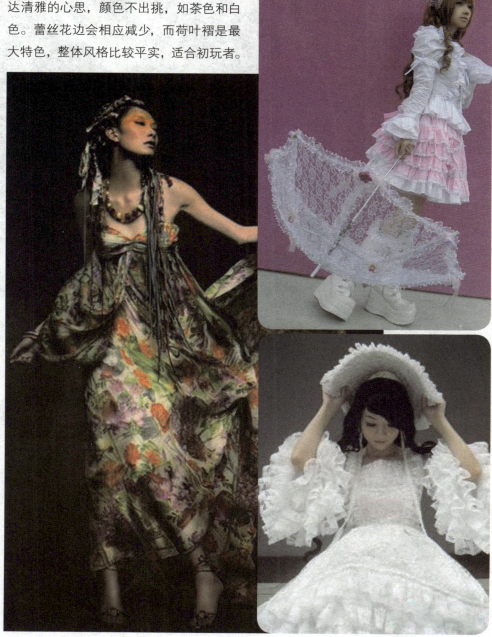

街头风格 ﹥

街头服饰一般来说是宽松得近乎夸张的T恤和裤子，很多人喜欢包头巾；另一种典型的服饰是篮球服和运动鞋，也以宽松为标准。

简约风格 ﹥

廓形是设计的第一要素，既要考虑其本身的比例、节奏和平衡，又要考虑与人体的理想形象的协调关系。这种精心设计的廓形常常需要精致的材料来表现，通过精确的结构（板型）和精到的工艺来完成。

波西米亚风格 ＞

　　追求自由的波西米亚人，在浪迹天涯的旅途中形成了自己的生活哲学。波西米亚不仅象征着流苏、褶皱、大摆裙的流行服饰，更成为自由洒脱、热情奔放的代名词。安娜·苏因推出一系列专为夏天节日时穿着的服装，从而领导了这一场T台民族服饰革命。这股风潮席卷全球，从圣保罗到巴塞罗那的T型台上全都呈现出同样一幅景象：无一件衬衫不被赋予花草、珠串、拼贴的华巧，无一条长裙不搭上流苏、荷叶边和彩色裤袜。

　　浪漫是波西米亚风格的关键词，它源于东欧、吉普赛、墨西哥的着装风格。它的魅力，源自它暗藏的叛逆，小小的不羁。当你随意在领口半露香肩，就会性感无限；手工绳结的流苏做包饰，就会带些流浪的味道了。

● 服饰巧搭配

　　服饰搭配服装色彩是服装感观的第一印象,它有极强的吸引力,若想让其在着装上得到淋漓尽致的发挥,必须充分了解色彩的特性。恰到好处地运用色彩的两种观感,不但可以修正、掩饰身材的不足,而且能强调突出你的优点。如对于上轻下重的形体,宜选用深色轻软的面料做成裙或裤,以此来削弱下肢的粗壮;身材高大丰满的女性,在选择搭配外衣时,亦适合用深色。这条规律对大多数人适用,除非你身体完美无缺,不需要以此来遮掩什么。

服饰打扮的原则 >

服饰打扮虽说每人的喜好不同，打扮方式不同，产生的效果也不同，也成就了五彩斑斓的服饰世界，但我们根据人们的审美观及审美心理还是有一些基本的原则可循。

• 整洁原则

整洁原则是指整齐干净的原则，这是服饰打扮的一个最基本的原则。一个穿着整洁的人总能给人以积极向上的感觉，并且也表示出对交往对方的尊重和对社交活动的重视。整洁原则并不意味着时髦和高档，只要保持服饰的干净合体、全身整齐有致即可。

• 个性原则

个性原则是指社交场合树立个人形象的要求。不同的人由于年龄、性格、职业、文化素养等各方面的不同，自然就会形成各自不同的气质，我们在选择服装进行服饰打扮时，不仅要符合个人的气质，还要突现出自己美好气质的一面，为此，必须深入了解自我，正确认识自我，选择自己合适的服饰，这样，可以让服饰尽显自己的风采。要使打扮富有个性，还要注意：首先不要盲目追赶时髦，因为最时髦的东西往往是最没有生命力的；其次要穿出自己的个性，不要盲目模仿别人，如看人家穿水桶裤好看，就马上跟风，而不考虑自己的综合因素。

• 和谐原则

所谓和谐原则指协调得体原则。即选择服装时不仅要与自身体型相协调，还要与着装者的年龄、肤色相配。服饰本是一种艺术，能掩盖体形的某些不足。我们要借助于服饰，能创造出一种美妙身材的错觉。不论是高矮胖瘦，年轻的还是年长的，只要根据自己的特点，用心地去选择适合自己的服饰，总能创造出服饰的神韵。

• 着装的TPO原则

T.P.O 分别是英语"Time""Place""Occasion"三个词的缩写字头，即着装的时间、地点、场合的原则。一件被认为美的漂亮的服饰不一定适合所有的场合、时间、地点。因此，我们在着装时应该要考虑到这三方面的因素。着装的时间原则，包含每天的早、中、晚时间的变化，春、夏、秋、冬四季的不同和时代的变化。着装的地点原则是指环境原则，即不同的环境需要与之相适应的服饰打扮。着装的场合原则是指场合气氛的原则，即着装应当与当时当地的气氛融洽协调。服饰的 T.P.O. 原则的三要素是相互贯通、相辅相成的。人们在社交活动与工作中，总是会处于一个特定的时间、场合和地点中，因此在你着装时，应考虑一下，穿什么、怎么穿，这是你踏入社会并取得成功的一个开端。

• 着装的配色原则

　　服饰的美是款式美、质料美和色彩美三者完美统一的体现，形、质、色三者相互衬托、相互依存，构成了服饰美统一的整体。而在生活中，色彩美是最先引人注目的，因为色彩对人的视觉刺激最敏感、最快速，会给他人留下很深的印象。服饰色彩的相配应遵循一般的美学常识。服装与服装、服装与饰物、饰物与饰物之间的色彩应色调和谐，层次分明。饰物只能起到"画龙点睛"的作用,而不应喧宾夺主。服饰色彩在统一的基础上应寻求变化，肤与服、服与饰、饰与饰之间在变化的基础上应寻求平衡。一般认为，衣服里料的颜色与表料的颜色，衣服中某一色与饰物的颜色均可进行呼应式搭配。

服饰搭配的配色原则 ＞

　　色调配色：指具有某种相同性质（冷暖调、明度、艳度）的色彩搭配在一起，色相越全越好，最少也要三种色相以上。比如，同等明度的红、黄、蓝搭配在一起。大自然的彩虹就是很好的色调配色。

　　近似配色：选择相邻或相近的色相进行搭配。这种配色因为含有三原色中某一共同的颜色，所以很协调。因为色相接近，所以也比较稳定，如果是单一色相

的对比给人明快清晰的印象，可以说只要有明度上的对比，配色就不会太失败。比如，红配绿、黄配紫、蓝配橙。

单重点配色：让两种颜色形成面积大的反差。"万绿丛中一点红"就是一种单重点配色。其实，单重点配色也是一种对比，相当于一种颜色做底色，另一种颜色做图形。

分隔式配色：如果两种颜色比较接近，看上去不分明，可以靠对比色加在这两种颜色之间，增加强度，整体效果就会很协调了。最简单的加入色是无色系的颜色和米色等中性色。

的浓淡搭配则称为同色系配色。出彩搭配：紫配绿、紫配橙、绿配橙。

渐进配色：按色相、明度、艳度三要素之一的程度高低依次排列颜色。特点是即使色调沉稳，也很醒目，尤其是色相和明度的渐进配色。彩虹既是色调配色，也属于渐进配色。

对比配色：用色相、明度或艳度的反差进行搭配，有鲜明的强弱。其中，明度

夜配色：严格来讲这不算是真正的配色技巧，但很有用。高明度或鲜亮的冷色与低明度的暖色配在一起，称为夜配色或影配色。它的特点是神秘、遥远，充满异国情调、民族风情。比如：凫色配勃艮第酒红、翡翠松石绿配黑棕。

穿衣用色规律 ﹀

　　每个人适合的穿衣颜色由一个人天生的肤色、发色和瞳孔颜色这三者之间共同作用的关系来决定，这其中存在着一套科学严谨的色彩应用规律。专业的色彩形象顾问将这套规律用"深、浅、冷、暖、净、柔"这6种固有色特征来展示，它决定了人们的"个人色季型"，我们可以对照这六大"个人色彩特征"找找自己是哪一种。

　　深色型人的固有色特征：头发、眼睛、皮肤的颜色都很深重，我们经常说的"黑美人"大多都属于深色型。头发：乌黑浓密。眼睛：深棕褐至黑色，很多深型人眼白部分略带青蓝色。肤色：中等至深色，多为深象牙色、带青底调的黄褐色、带橄榄色调的棕黄色，肤质偏厚重。面部整体特征：深重、强烈。

　　浅色型人的固有色特征：发色、肤色、眼睛的颜色三者总体来说是轻浅的、缺乏对比、不分明的。头发：不会特别乌黑，基本上是从黄褐色至深棕色的发色。眼睛：黄褐色至棕黑色，眼白有略呈淡淡的湖蓝色的，也有一般常见的柔白色。肤色：从很白的肤色至中等深浅的肤色都有，但肤质都偏薄，不会太厚重。面容整

体特征：轻浅、柔和，没有鲜明的对比。

冷色型人的固有色特征：整个头面部笼罩在一种青色的底调中。头发：从灰棕褐色至黑色都有。眼睛：褐色至黑色。肤色：青白色、白里透玫瑰粉、青黄色、青褐色。整体特征：青冷底调、明净。

暖色型人的固有色特征：整个头面部笼罩在温暖的桔黄底调中。头发：通常都会泛黄，所以有浅褐色、棕黄色、棕黑

色。眼睛：很多暖型人眼白部分都是黄白色的，当然这种淡黄色是健康的。有些人怀疑眼白发黄是因为有肝病，这些人都很可爱，有些肝疸疾病会有眼白发黄的症状，但不等于说眼白发黄就一定有肝病，这只是你的自然体色罢了。肤色：暖型人最大的特征就体现在脸色有一种温暖的桔色的底调，从黄白至象牙色至深黄色都有。面部整体特征：温暖、橙底调。

净色型人的固有色特征：在整个头面部，眼睛的光彩会令人印象深刻，头发和眼睛的黑亮与浅白的脸色形成强烈的反差。发色：黑棕色至乌黑发亮的头发。眼睛：黑白分明，一般说来白眼球部分会略呈淡蓝色，眼睛很有神采。肤色：象牙白、青白及最常见的浅色皮肤。整体面容：明净、清澈、对比分明。

柔色型人的固有色特征：整体面容有一层灰雾的感觉，色彩不分明，色感不强烈。头发：一般不会特别乌黑发亮，带有棕黄或灰黄的色调。眼睛：也不会是乌溜溜的黑眼珠，而是黄褐色的。肤色：象牙色、哗叽色等中等深浅的肤色，最重要的是肤质不会晶莹剔透，像磨砂玻璃。整体面容：瑰丽、柔和。

● 巧夺天工的设计师

约翰·加利亚诺

约翰·加利亚诺（John Galliano） ＞

- 现任Dior设计师

　　约翰·加利亚诺独特的混搭手法将街头时尚的随性、雍容华贵的气质和大胆前卫的作风相融合，向世人展现新世纪的 Dior 新女性形象。

卡尔·拉格斐（Karl Lagerfeld） ＞

- 现担任设计师品牌：CHANEL、FENDI以及设计师同名品牌

　　卡尔·拉格斐有着自由、任意和轻松的设计心态，他总是不可思议地把两种对立的艺术品感觉统一在设计中，既奔放又端庄；既有法国人的浪漫、诙谐，又有德国式的严谨、精致。他没有不变的造型线和偏爱的色彩，但从他的设计中自始至终都能领会到"香奈尔"的纯正风范。

　　一直以来，卡尔·拉格斐擅长利用简约方式表达出都会典雅、时髦的概念以及富现代感的风格，通过布料及材质的优点与特色，进而表达时尚感的独有魅力。这位推动时尚的大师，拥有始终坚持完美的特质以及卓越杰出的设计理念通，过将简洁得体的剪裁设计和穿着搭配的风格特色，透露出利落内敛的独特品位。

卡尔·拉格斐

马克·雅各布斯（Marc Jacobs）

• **现任 Louis Vuitton 的艺术总监**

Marc 为 LV 设计的服装典雅、简洁，从小形成的波西米亚浪荡态度、青年时期在纽约著名俱乐部 Studio 54 的日子、迷恋英伦新浪漫主义的光景，又或者喜爱的 Vivienne Westwood 的反叛时尚态度等等都被他运用到自己的服装系列中。现在马克已经爱上了他的工作地巴黎，更成功地将纽约的动力与巴黎的奢华高贵相融合，让马克·雅各布斯服装保有一贯的贵族休闲风格。

马克·雅各布斯

弗里达·吉安妮妮（Frida Giannini）

• **现任 Gucci 女装成衣设计总监**

她被 Gucci 挖走后，担当了手袋的设计总监。两年后，空前但不绝后地，她被任命为整个 Gucci 品牌鞋、包、行李箱、小皮具、丝绸、高级珠宝、礼品、手表以及眼镜的设计总管。她以"Frida"式的自信和坚定开展了具有突破性的设计和管理工作，同时非常注意使用 Gucci 传统的灵感，如"Flora"印花围巾的图案以及骑手形象，加入到当代的设计中来。为古老的传统添加性感、新鲜的动力，这是当今许多设计新人得宠的原因，吉安妮妮也不例外地受到了各方的青睐。

弗里达.吉安妮妮

125

德里克·林（Derek Lam）>

- 现任Tod's创意总监

德里克·林是活跃于纽约时尚圈的著名华裔设计师。现在他的名字已经响彻整个纽约时尚圈，作品遍布 Neiman Marcus 和 Barneys New York 等著名商场，个人时装店在纽约中心城区扩张，给 Tod's 带来的新气象也令人瞩目。集奢华与现代实用性于一体，同时充满女性化气息，以优雅而低调的风格呈现就是德里克·林的设计理念。

德里克·林

缪西娅·普拉达（Miuccia Prada）>

- 现任Prada创意总监

1978 年，28 岁的缪西娅·普拉达极不情愿地从母亲手里接过由祖父传下来的公司。1985 年，她设计了新款手包，成为了流行潮流。1989 年，她设计的秋冬成衣以其刻板的反潮流倾向赢得了评论界的赞美。1992 年，MiuMiu 高级成衣初次发布。1993 年，赢得了美国服装设计师协会对国际服装设计师的嘉奖。

克莉丝汀·拉克鲁瓦（Christian Lacroix）>

高贵豪华，灿烂夺目是克莉丝汀·拉克鲁瓦最典型的风格，Lacroix高级时装是纯手工精制而成、表里一致，讲究高雅精致。他可为了一个人一次的穿着而设计、定制面料，再制作时装，不但独一无二，还凸显了这个女人的个性和品位，而且每一款新装的布料、剪裁、刺绣都是高难度的，根本就不可能制作成衣。拉克

克莉丝汀·拉克鲁瓦

鲁瓦高级时装再复杂、再华丽也会让穿的人感觉轻巧、自在。

三宅一生 (Issey Miyake) >

三宅一生是伟大的艺术大师，他的时装极具创造力，集质朴、基本、现代于一体。三宅一生似乎一直独立于欧美的高级时装之外，他的设计思想几乎可以与整个西方服装设计界相抗衡，是一种代表着未来新方向的崭新设计风格。

三宅一生

卡尔文·克莱恩 (Calvin Klein) >

卡尔文·克莱恩是当之无愧为全美最具知名度的时装设计师。Klein 一直坚守完美主义，每一件卡尔文·克莱恩时装都显得非常完美。其产品范围除了高档次、高品位的经典之作外，克莱恩同时还是那些以青年人为消费对象的时髦的无性别香水和牛仔服装的倡导者。

卡尔文·克莱恩

拉夫·劳伦

拉夫·劳伦 (Ralph Lauren) >

拉夫·劳伦是有着一股浓浓的美国气息的高品位时装，款式高度风格化是拉夫·劳伦名下的两个著名品牌"拉夫·劳伦女装"和"马球男装"的共同特点，拉夫·劳伦时装是一种融合幻想、浪漫、创新和古典的灵感呈现，所有的设计细节架构在一种不被时间淘汰的价值观上。

127

图书在版编目（CIP）数据

古今中外服装秀/潘丽娜编著. —长春：北方妇
女儿童出版社，2015.7（2021.3重印）
（科学奥妙无穷）
ISBN 978-7-5385-9337-2

Ⅰ.①古…　Ⅱ.①潘…　Ⅲ.①服饰文化—世界—青少
年读物　Ⅳ.①TS491.12-49

中国版本图书馆CIP数据核字（2015）第146853号

古今中外服装秀
GUJINZHONGWAIFUZHUANGXIU

出　版　人	刘　刚	
责任编辑	王天明　鲁　娜	
开　　　本	700mm×1000mm　1/16	
印　　　张	8	
字　　　数	160千字	
版　　　次	2015年8月第1版	
印　　　次	2021年3月第3次印刷	
印　　　刷	汇昌印刷（天津）有限公司	
出　　　版	北方妇女儿童出版社	
发　　　行	北方妇女儿童出版社	
地　　　址	长春市人民大街5788号	
电　　　话	总编办：0431-81629600	

定　　　价：29.80元